수진 씨는 오늘도 살아가고 있다

● 일러두기

1. 이 책은 경기콘텐츠진흥원이 주최한 '2021 제5회 경기히든작가' 공모전의 에세이 부문 작품집입니다. 해당 공모전은 '코로나 블루를 극복할 수 있는 이야기의 힘'을 주제로 진행되었습니다.
2. 한글맞춤법을 따랐으며, 저자가 강조한 부분은 고딕체로 표시했습니다.

# 수진 씨는
# 오늘도
# 살아가고 있다

2021 경기히든작가 공모전 에세이 부문 작품집

김민지
조이홍
미오
최기현
김희연
김서연
김원글
전명원
김신혜
정희정

contents

| | | |
|---|---|---|
| **김민지** | 수진 씨는 오늘도 살아가고 있다 | · 6 |
| **조이홍** | 랜선 제주 여행 | · 26 |
| **미오** | 늙은 고양이와 아이스 라떼 | · 76 |
| **최기현** | 아빠로, 아들로, 남편으로 코로나19 시대 살아가기 | · 91 |
| **김희연** | 흐르고 흘러라 | · 113 |
| **김서연** | 솔잎 | · 130 |
| **김원글** | 망할 코로나로 덕 본 썰을 푼다 | · 155 |
| **전명원** | 여권을 만들었다 | · 183 |
| **김신혜** | 코로나19로 변화된 나의 삶 이야기 | · 186 |
| **정희정** | 코드명 '푸르-' | · 201 |

# 수진 씨는 오늘도 살아가고 있다
## 코로나19 시대를 살아가는 이야기

○ 김민지 ○

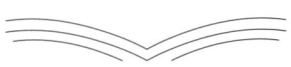

아침 식탁에 '탁' 소리 내어 수저를 놓는다. 방문이 활짝 열린 안방을 곱지 않은 눈으로 쳐다보며.

2020년 새해가 밝았지만 수진 씨의 일상은 변하지 않았다. 휴일만이라도 아침 식사 준비를 함께했으면, 아니 일어나서 앉아라도 있으면 좋으련만 오늘도 남편은 침대에서 꼼짝하지 않는다. 10년을 넘게 살면서 단 한 번도 아침을 준비하지 않는 남편. 이미 체념했지만 그래도 안방을 바라보며 그릇이 깨져라 아니 깨졌으면 하는 마음으로 식탁에 내려놓는다.

매해 집안 행사는 정해져 있다. 10년 넘게 남편의 집안 행사에는 꼬박꼬박 참석하고 얼굴 한 번 찡그린 적이 없었다. "하하, 호호, 네 네." 살갑지는 않지만 고분고분한 며느리의 탈을 쓰고 수진 씨는 지내고 있다.

"엄마는 할머니한테 전화 오면 왜 목소리가 착해져?"

"엄마가 언제? 평상시랑 같은데?"

"치이- 외할머니한테는 화내면서."

그랬다. 수진 씨는 속상하고 화가 나면 얼굴에 그대로 드러나는 사람이었다. 언젠가부터 아니 결혼을 한 후부터 두 개의 가면을 쓰고 살아가고 있다. 며느리의 얼굴. 학부모의 얼굴. 사랑해서 결혼했고 그 사랑을 믿고 예쁘게 키워가리라 다짐했지만 '결혼'이라는 두 글자의 실체를 깨닫는 순간, 하나둘씩 내려놓았다. 지금은 애써 자신의 마음을 외면한 채 10년을 아이들과 복닥거리며 살고 있다. 꼬물거리며 엄마 품에서 떨어지지 않았던 세 아이들은 어느새 초등학생, 중학생으로 훌쩍 커버렸고, 위로 두 아들은 점점 엄마의 손길을 요리조리 피해 다니려 한다. 그나마 막내딸의 애교에 수진 씨는 아직도 챙길 것이 많다. 친하게 지내는 동네 언니들과의 모닝 수다도 점점 지쳐갈 때쯤 친정엄마의 잔소리가 머릿속을 맴돌았다.

"너도 네가 하고 싶은 거 배우고 살아. 아이들 크면 뭐 할 거니? 여자도 돈이 있어야지."

귀에 못이 박히게 듣던 친정엄마의 잔소리가 언젠가부터 수진 씨 마음에서 꿈틀댔다.

'이제 와서 내 애들을 남에게 맡기고 나가서 일을 하라고?'

'일을 그만둔 지가 언젠데 경력 단절 아줌마가 무슨 일을 할 수 있다는 거야?'

그래도 혹시나 하고 인터넷에서 검색해보았다.

'오전 파트타임' 검색 결과 0.

내 아이를 키우면서 시간 날 때 일할 수 있는 직업이 이 세상에 존재하기는 할까. 수진 씨는 애꿎은 자판만 두드리다가 이내 컴퓨터 전원을 끈다.

'그러면 그렇지. 누가 나를 써줘?'

텔레비전을 켜고 앉아 작은 산처럼 쌓여 있는 빨래를 접으며 넋이 나간 듯 깔깔거리며 본다.

아이들이 학교를 마치고 집으로 돌아와 소박한 엄마표 간식을 먹으며 재잘댄다. 오전 내내 가라앉아 있던 마음이 조금은 풀리는 듯했다. 다시 엄마와 튜터의 역할을 할 시간. 저절로 한숨이 나온다. 학원 끝마치는 시간이 제각각이라 세 아이의 시간에 맞춰 저녁과 간식을 몇 번씩 준비한다.

'삼식이가 아니라 오식이, 육식이라는 말은 없는 걸까.'

수진 씨는 피식 웃다 무심한 표정으로 돌아간다.

그날 저녁, 다행히 하루 일과를 모두 마치고 8시 뉴스 앞에 앉았다. 조용히 세상 사람들의 이야기를 듣고 싶었지만 엉덩이를 붙이고 뉴스를 보는 일도 사치라는 것을 수진 씨는 안다. 아이들이 수진 씨 옆으로 하나둘씩 와 앉는다. 아이들에게 재미없는 뉴스지만 엄마가 있는 곳에는 껌딱지처럼 붙어 앉는다. 고맙기도 하고 사랑스럽지만 가끔은 조용히 뉴스라도 보고 싶어진다. 엄마가 집안일하느라 자기들을 봐주지 않으니 이때다 싶었겠지. 다시 미안해진다.

✦ ✦ ✦

언젠가부터 아이들 봄 방학이 사라지고 겨울 방학이 두 달로 늘어나면서 수진 씨의 스트레스는 극에 달하고 있다. 남들은 한 달살이를 한다고 해외로 나가 아이들 어학 실력도 높여주고 한다지만 수진 씨는 그럴 형편은 안 됐다. 대신 도서관이나 체험 프로그램에 아이들을 데리고 다녔다. 길고 긴 방학을 그렇게 버틴다. 이맘때 수진 씨의 육아 스트레스 지수가 높아지는 것을 잘 알고 있는 남편이다. '방학마다 방문하시는 시부모님이 이번에는 안 오시네' 하고 마음을 편히 가지려 하면 남편은 지방의 본가에 가자고 해서 매번 폭발을 하고 만다. 제발 좀 방학 때만이라도 배려라는 것을 아내에게 해달라고 수진 씨는 말한다. 가사도 육아도 모른 척하면서 남편의 이기심은 어디까지인지 과연 언제까지 남편을 버텨낼 수 있을지 의문이다. 부엌으로 들어간 수진 씨는 어둠으로 내려앉은 밤하늘을 원망스럽게 쳐다보며 맥주 한 캔을 뜬다.

어디에서부터 잘못된 걸까. 결혼? 사회생활? 소개팅? 학교? 답이 없는 질문들을 두 어깨에 이고 산 지도 꽤 오래지만 포기가 안 된다. 수진 씨는 스스로를 포기할 수가 없다. 그냥 이대로 남편 돈을 아껴가며 아이들을 위해 자신의 시간을 모두 내어준 엄마가 되고 싶지가 않다.

'남들은 블로그 운영이다 유튜브 운영이다 하면서 돈도 잘만 벌던데. 나도 그거나 해볼까.'

여러 가지 생각이 머릿속에 뒤엉켜 있지만 오늘도 멍하니 고층아파트 창가에서 하늘만 바라본다. 붉게 번져가는 노을이 수진 씨 마음에 모두 스며들 때까지.

수진 씨의 학창 시절은 제법 화려했다. 반에서 1등도 하고 학교 일에도 적극적으로 참여하는 밝고 활기 넘치는 소녀였다. 국제기구에서 활동하는 꿈을 가지고 있었지만 중학교와 고등학교 학창 시절을 보내면서 성적이 떨어지기 시작했다. 그때 수진 씨는 인생에서 처음으로 죽고 싶다는 생각을 했던 것 같다. 아무리 해도 오르지 않는 성적과 뜻대로 되지 않는 미래에 대한 불안감으로 1년 내내 두통으로 시달렸다. 병원을 가도 약을 먹어도 머리에서는 계속 심장 뛰는 소리가 들렸다. 그러다 두통이 멈췄는데 아마도 더 이상 자신에 대한 기대를 하지 않게 된 뒤인 것 같다. 성적이 오르지 않는 현실을 외면한 채 즐거운 척, 잘하는 척. 그 척척척으로 자신을 가둬버렸다. 결국 원하는 대학을 가지 못하고 20대 좋은 시절 내내 방황하는 몽상가가 되어버렸다. 그때부터 지금까지 수진 씨가 가장 두려워하는 것은 아무것도 이루지 못하고 이대로 나이 들어가는 현실이다.

아이 한 명만 낳고 계속 일하면서 살고 싶었지만 어느새 세 명의 다둥이 맘이 된 현실은 수진 씨의 발목을 잡았다. 둘째까지만 해도 이렇게 마음이 허하거나 멍해지는 일은 없었다. 아들만 둘이었지만 그래도 두 손으로 아이를 잡고 씩씩하게 다녔다. 아들 둘을 양쪽에 데리고 다니면 꼬리표처럼 듣는 말이 있었다.

"딸 하나 더 낳아야지. 엄마한텐 딸이 필요해."

수진 씨도 딸을 갖고 싶었다. 하지만 아들, 딸 낳는 일이 어디 마음대로 되는 일이던가. 그리고 이미 둘이나 있는데 셋째가 딸이라는 보장은 없지 않은가. 셋째를 임신했을 때 마음을 졸였으나 다행히 엄마의 마음을 아는지 딸이 태어났다. 세상을 다 얻은 듯 기뻤지만 그것도 잠시뿐, 수진 씨는 혼자 우는 날이 많아졌다. 어린아이들에게도 화를 쏟아냈다. 아이들이 음식을 먹다가 흘리거나 방을 어질러놓거나 온 집 안을 뛰어다닐 때면 마음속 응어리를 풀어내듯 소리치고 또 소리쳤다. 두 귀를 손으로 틀어막고 방문을 닫아버리기도 했고, 밥 먹을 때도 아이들의 재잘거림이 시끄럽게 느껴지기도 했다. 조용하게 앉아서 천천히 먹고 싶었다. 의자에 앉을 새가 없이 아이들에게 필요한 것을 주고 입속에 넣어주고 수진 씨 입으로 밥은 우격다짐으로 쑤셔 넣어 겨우 들어갔다. 항상 배가 더부룩했고 단지 살기 위해 먹는 기분이었다.

　큰 아이부터 둘째, 셋째까지 씻기고 나온 어느 여름날, 온몸이 땀범벅이 되어 바닥에 주저앉았다. 갑자기 엉엉 우는 엄마 곁으로 한 명은 아장아장 기저귀를 찬 채 걸어오고, 둘째는 눈을 동그랗게 뜨고 어쩔 줄 몰라 했다. 첫째는 또 조금 컸다고 심각한 얼굴로 수진 씨를 내려다보았다.

　'울지 마. 아이들이 걱정하잖아. 넌 엄마잖아!'

　엄마라는 코스프레를 그만두고 싶었다. 그날 이후, 저녁을 준비하다 세컨드 주방의 중문을 닫아버리고 고래고래 노래를 불렀다. 가슴이 꽉 막힌 것을 풀어내기라도 하듯. 철없는 아이들은 엄마 동영상을 찍으며 웃었다. 노래를 마친 수진 씨는 아무 일도 없다는 듯 무표정으로 다시 저녁을 차렸다.

◆ ◆ ◆

2020년 2월.

뉴스에서 흘러나오는 전염병 이야기가 심상치 않다. 중국의 우한이란 곳은 폐쇄가 되었다고 하고 우리나라에도 이곳을 방문한 사람들이 감염되었다고 했다. 수진 씨는 신종 플루도 겪었고 독감 바이러스도 겪었던지라 그냥 그렇게 지나갈 거라 대수롭지 않게 여겼다. 이번 해에 수진 씨 가족은 무려 한 달간의 해외여행을 계획하고 있었고 이미 예약을 해둔 상태라 모처럼 부푼 꿈을 가지고 손꼽아 기다리고 있었다. 남편 마일리지로 두 명은 공짜로 비행기를 탈 수 있는 절호의 기회였다. 대학교 때 배낭여행으로 갔던 유럽. 언젠가 다시 가고 싶다는 소망이 드디어 올해 이루어진다는 벅찬 기대감으로 매일 남편과 여행 루트를 짰다. 세 아이를 데려가야 한다는 부담감과 걱정도 있지만 아이들에게도 큰 경험이 될 거라고 생각했다. 이제 고학년인 두 아들은 분명 다리 아프다고 투덜거리며 찡그린 얼굴로 수진 씨 기분을 상하게 하겠지만.

마침 아이들의 길고 긴 겨울 방학이었고 집에만 있는 수진 씨에게는 큰 문제가 아니라고 생각했다. 하루, 이틀, 일주일 사이 이 바이러스에 감염된 환자들이 급격히 늘어났고 학원들도 하나둘씩 휴원에 들어갔다. 3월 개학이 코앞인데 대구에서 드디어 일이 터졌다. 이 바이러스는 코로나19라는 이름으로 한 달 사이에 모든 가정으로 침투했다. 내 가족 중에, 회사 동료 중에, 가까운 친구 중에 신천지라는 종교를 숨기고 활동하는 사람들로부터 이 바이러스를 옮은 사람들이 급격하게 늘어갔다. 해외에서 들어오는 사람들이 바이러스도 가지고 들어온다고 해서 전 세계가 하늘의 길을 막고 빗장을 걸었다. 서로에 대한 배신과 불신이 스멀스멀 퍼져나갔다. 남편 회사에도 자신이 신천지라는 사실을 숨긴 채 코로나 바이러스 검사를 받으라는 당국의 말을 무시하고 일하다 회사가 당분간 문을 닫는 일까지 벌어졌다. 정직하게 검사라도 받았으면 그가 신천지였든 아니든 크게 상관하지 않았을지도 모른다. 하지만 자신의 안위를 위해 다른 사람의 건강에 그 가족까지 치료법도 없는 이 바이러스에 감염되게 했다는 사실이 분노를 불러일으켰다. 온 국민이 신천지 사람들을 색출해내기 위해 혈안이 되었고 배신감으로 치를 떨었다. 사회적으로 서로에 대한 불신이 점점 커져가는 가운데 불안과 공포가 우리를 뒤덮고 있었다.

결국 3월 개학은 무산되었다. 수진 씨는 하루 종일 뉴스와 인터넷을 들여다본다. 지금으로써는 손 씻기, 마스크 쓰기가 코로나라는 바이러스를 예방할 수 있는 유일한 방법이라고 한다. 마스크를 약국에서 줄 서서 사게 될 줄을 누가 알았을까. 아이들 개학을 대비해 미세먼지용 마스크를 사둔 게 얼마나 다행스러운 일이었는지. 유일하게 집밖에 나갈 수 있는 사람은 남편뿐이었다. 남편이 장을 보고 온몸을 소독한 뒤에 집으로 들어왔다. 사람들은 비닐장갑과 마스크 그리고 눈 보호 안경까지 쓰고 살기 위해 장을 보러 나왔다. 3월 이맘때면 아이들 목소리로 시끌시끌하던 동네도 조용하다. 학원도, 유치원도 모두 갈 수 없었다. 보내는 엄마들은 마치 자식을 사지에 내모는 무정한 엄마로 낙인이 찍혔다.

"글쎄, 이 시국에 학원을 보내는 엄마가 있더래."

어느 동네에 누구 엄마가 어느 학원으로 아이를 보내는지도 인터넷에서 올라왔다. 한편으로 이때가 기회라고 생각한 엄마들은 아이들 진도 빼느라 바빴다. 학교에 가지 않는 시간을 확보해 아이들의 선행이 이루어졌고, 역시 영어 학원은 가장 발 빠르게 온라인 수업을 시작했다. 온라인 수업과 오프라인 수업으로 병행하는 시스템이라 아이들 공백 없이 학원은 이득을 취했다. 하지만 온라인 수업이 대면 수업보다 학습의 질과 관리가 떨어지는데도 원비는 그대로였다. 변화는 순식간에 우리 생활을 파고들었다. 수진 씨도 변화의 대열에 합류해 줌(Zoom)이라는 새로운 시스템에도 적응 중이었다. 그렇게 3월과 4월은 흘러갔다.

물론 학교 수업은 제대로 이루어지지 않았다. 선생님들은 직접 수업을 하지 않고 대체 동영상으로 아이들은 수업했다. 날마다 수진 씨 핸드폰은 실시간으로 울려댔다. 세 명의 아이가 다니는 기관에서 문자 폭탄이 매일 날아왔기 때문이다. 주의 사항, 공지 사항 등. 어느 날은 핸드폰을 없애고 싶었다. 남편에게는 한 통도 안 가는 이 문자들이 원망스럽기까지 했다. 새 담임 선생님과 반 친구들과 인사를 잠깐 나누기 위해 온라인으로 모인 첫날. 튕겨져 나가는 아이들, 30명 아이들의 집안 소리, 컴퓨터에 달라붙어 안 된다고 징징거리는 아이들 때문에 진땀 빼며 이리저리 컴퓨터를 만져보는 엄마들의 모습, 할머니들의 모습을 컴퓨터 화면으로 보고 들었다. 수진 씨도 예외는 아니었다. 세 아이의 수업이 동시에 시작되었기 때문에 아이들을 각각 아이패드, 컴퓨터, 텔레비전에 앞에 앉혀놓고 이 방 저 방을 뛰어다녔다. 회사에서 이런 상황을 모르고 일에만 열중하는 남편이 새삼 부러웠다.

"노트북 사자니까. 애들이 어디서 수업하냐고. 각자 자기 방이 있는 것도 아닌데."

요즘 들어 자기 물건은 잘도 사면서 집에 필요하다는 물품은 죽어도 안 사는 남편이 미웠고, 돈을 구걸하는 자신도 미워졌다. 하지만 물러서지 않았다. 수진 씨는 둘째를 낳기 전까지 직장 맘이었다. 둘째까지 친정엄마에게 맡기기 미안하고, 친정엄마가 힘들어하시는 모습을 더는 보기 어려워 직장을 그만두었다. 어느 정도 육아가 자리를 잡고 나서 일하고 싶다고 종종 남편에게 말해왔다. 하지만 수진 씨의 말은 남편에게 매번 징징대는 소리였던 것 같다. 직장 맘일 때 혼자서 육아와 가사를 도맡아 하면서 힘들었기에 이번에 무슨 일이든 하면 육아와 가사를 남편과 상의하고 싶었다. 하지만 남편 귀에는 그냥 우는 소리로 들렸던 모양이다. 그래서 그랬던 걸까. 수진 씨는 별것도 아닌 노트북 문제를 걸고넘어져 끝까지 오기를 부렸고 기어코 컴퓨터와 텔레비전을 바꿨다. 이렇게 사소한 문제로 사람을 치사하고 초라하게 만들다니. 수진 씨는 원하는 대로 했다는 기쁨보다 씁쓸함을 안으로 삼켰다. 코로나로 경기가 부진하다고 했지만 가전제품 쪽은 호황을 누렸다. 수진 씨네처럼 사람들은 더 큰 제품으로 눈을 돌렸다. 집 안에서 모든 업무와 수업을 해야 했고 영화관도 출입

할 수 없으니 대형 텔레비전과 대형 모니터들이 불티나게 팔렸다. 밖으로 나가지 못하는 답답한 마음을 집 인테리어라도 변화를 줌으로써 해소시키는 것 같았다.

수진 씨 집에도 약간의 변화가 생겼다. 집 안에서만 생활하다 보니 각자의 공간이 절실했다. 그렇다고 살던 집을 팔고 당장에 이사를 갈 수도 없으니 가구 배치라도 바꿔보기로 했다. 다행히 남편도 적극적으로 수진 씨 의견에 따라줬다. 먼저 세 아이 오줌으로 얼룩진 안방 침대 매트리스를 버렸다. 속이 다 뻥 뚫리는 것 같았다. 잠자리에 들 때 항상 진드기가 득실거릴 것만 같았던 매트리스를 10년 만에 교체하다니. 수진 씨는 한숨과 뒤섞인 미소가 절로 났다. 첫째, 둘째, 막내딸까지 함께한 그 수많은 밤들로부터 수진 씨는 드디어 독립했다. 딸과 아들들을 자신들의 방으로 보내버렸다. 몸을 분리하면서 마음도 함께 분리했다. 방이 네 개가 있었으면 좋았을 텐데라는 아쉬움이 조금 남았지만 그런 대로 각자의 공간을 가질 수 있었다.

가장 큰 변화는 수진 씨에게 있었다. 첫 번째는 밤중 육아라도 끝내 편히 잠을 잘 수 있었고, 두 번째는 수진 씨의 책상이 생겼다. 몇 날 며칠을 고민하다 선택한 하얀 책상을 남편이 조립해주었다. 그동안 애쓰고 있던 수진 씨의 마음을 조금은 알고 있었던 걸까. 정성스럽게 조립하고 자리를 마련해주는 남편에게 새삼 고마웠다. 얼마 만에 가져보는 책상인가. 수진 씨는 하얀 책상을 손으로 쓸어본다. 고3 수험생도 사업가도 디자이너도 뭐도 아니었지만 부엌 식탁에서 애들 책상에서 자신의 물건을 옮겨 다니며 보따리장수처럼 배회하던 몸과 마음이 하나로 집중되는 기분에 가슴이 뭉클했다. 잃어버렸던 수진 씨 자신을 다시 찾을 수 있을 것 같았다. 수진 씨는 의자를 빼고 책상 앞에 앉아 조용히 생각해본다.

'어렸을 때 정말 하고 싶고 좋아하는 일이 뭐였더라?'

책 읽기를 좋아했었고 붓글씨 쓰는 것을 좋아했었고 운동도 좋아해서 하루 종일 뛰어놀았다. 그리고 시를 쓰는 것을 좋아했다. 남들은 시를 쓴다고 하면 대단하고 이상한 취미처럼 얘기했다. 예전 직장 동료가 "시를 쓴다고?" 하며 크게 웃던 모습을 아직도 잊을 수가 없다. 수진 씨도 감히 자신이 할 수 있는 일이 아니라고 생각해왔다. 그래서 밖으로 내놓을 수 있는 글을 쓸 수 없을 거라 여겼다. 하지만 쓰고 싶은 마음까지 내려놓지는 못했다. 책을 읽다 좋은 글귀가 있으면 메모도 해보고 필사도 해보았다. 이왕이면 예쁜 글씨로 쓰고 싶어 캘리그래피를 배우기로 했다. 언젠가 써먹을 수 있지 않을까라는 생각을 마음속에 간직한 채.

처음에는 단순한 취미로 한글 캘리그래피를 시작했다. 연필로, 펜으로, 붓으로 좋은 글귀를 쓰는 내내 아무 소리도 들리지 않았다. 수진 씨 자신이 이렇게 집중할 수 있었던 시간이 얼마 만인지. 사각사각거리는 펜촉 소리에 매료되어 영문 캘리그래피까지 차근차근 배워나갔다. 다른 작가들이 써 놓은 글을 옮겨 적으면서 자신의 글도 캘리그래피로 쓰고 싶다는 마음은 여전했다.

수진 씨는 코로나로 집에만 있으니 자신이 점점 작아지는 기분이었다. 뭐라도 하지 않으면 그냥 이대로 나이만 들어가는 일이 무서웠다. 아이 셋만 키우다가 추억만 간직한 채 늙으면 허무할 것만 같았다. 어느 날 읽은 무루 작가의 책 제목처럼 이상하고 자유로운 할머니 정도는 되어야 하지 않을까. 머리가 또다시 실타래처럼 질문을 쏟아내자 수진 씨는 책을 집어 든다. 이럴 때 책만큼 좋은 것은 없는 것 같다. 유일하게 수진 씨를 달래준다. 책에 꽂히면 그 작가의 책을 모조리 찾아 읽어버리는 집약적인 책 읽기를 사랑하는 수진 씨는 살기 위해 자신을 지키기 위해 자주 책을 집어 든다. 아이들 때문에 집중할 수 있는 시간이 짧고 육아에 지쳐 잠자기 바빠 책을 많이 읽지는 못하지만 손에서 놓지 못한다. 내일을 살아가야 하니까.

수진 씨는 하얀 책상에 다시 앉아본다. 자신의 책상 앞에 앉으니 아이들 책상 앞에 앉아 있을 때와 다른 기분이다. 뭐랄까. 수진 씨 자신을 찾는 느낌이 든다. 아이들은 점점 온라인 수업과 오프라인 수업을 번갈아 받으며 자리를 잡아갔다. 이제는 엄마보다 줌 기능을 속속들이 알고 있어 더 이상 장승처럼 지키지 않아도 되었다. 아이들에게는 미안하지만 수진 씨는 매일 아침 수업이 빨리 시작되기를 기다린다. 그때가 수진 씨 자신으로 돌아갈 수 있는 유일한 작은 시간이었으니까. 그 시간에 수진 씨도 줌 수업을 듣기도 하고 캘리그래피 작품을 만들기도 했으며 책을 읽고 글을 쓰기도 했다.

◆ ◆ ◆

2020년 여름. 마스크 안의 얼굴이 땀범벅이 되고, 귀와 얼굴에 염증이 자주 생기는 무더운 여름이지만 우리는 그 답답함을 견디며 적응 중이다. 모두들 불안한 현실 속에서 자신의 자리를 지키며 버티고 안간힘을 쓰면서.

"일어나자마자 또 핸드폰이야! 줌 수업할 때는 핸드폰 밖에 다 내놓고 해!"

눈만 뜨면 엄지손가락은 부지런히도 움직이고 두 개의 눈동자가 굴러가는 소리를 자주 듣는다. 집에만 있으니 아이들도, 어른들도 핸드폰 중독의 길에 접어들어 매일 같이 잔소리로 아침을 시작할 수밖에 없다. 아이들은 학교나 학원에서는 못 하는 줄 알고 있으면서 집에서는 엄마 말이 제일로 우스운 것 같다. 수진 씨도 잠깐 유튜브를 해서 아주 나쁘다고 생각하지는 않지만 "이놈의 유튜브"라는 소리가 절로 입에서 나오는 건 어쩔 수 없다. 핸드폰을 밖으로 빼내니 이제는 듀얼 화면으로 온라인 수업과 유튜브를 동시에 보고 있는 아이들이다. 긴급 돌봄이라도 신청해야 하나 수진 씨는 지끈거리는 머리에 손을 대어본다. 하루하루는 느리게 지나가고 코로나 확진자는 줄어드는 기세였다가 다시 대유행을 하며 우리 일상을 휘젓고 있었다. 아직도 평범했던 일상은 다시 돌아올 생각을 하지 않는 듯하다.

2020년 겨울. 수진 씨 큰아들은 드디어 초등학교를 졸업했고 막내딸은 유치원 졸업을 했다. 온라인으로 엄마들과 친구들과 졸업식을 하는 아들을 보며 수진 씨는 눈앞이 흐려졌다. "아악! 내 6학년 돌려줘!"라며 너무 아쉬워하는 아들이 안타깝고 또 미안했다. 영원히 잊을 수 없는 졸업식을 아이에게 남겨줘버린 이 상황이 원망스럽다.

2021년에는 코로나가 끝이 날까. 우리는 이 현실을 받아들이고 그냥 그렇게 살아야 하지는 않을까라는 생각을 수진 씨는 해본다. 그렇다고 사람들은 쉽게 자신들의 일상을 포기하지 않았다. 만나지 못하니 랜선에서라도 모임을 갖기 시작했고 직접 가서 배우지 못하니 온라인 수업이 성행하기 시작했다. 미라클 모닝, 매일 달리기와 걷기, 독서, 글쓰기, 다이어트 등 혼자 하는 일상을 인터넷에 꾸준히 올리면서 함께하는 릴레이가 늘어만 갔다. 온라인 독서 모임, 온라인 글쓰기 모임, 온라인 달리기 모임 등 온라인으로 만날 수 있는 공간으로 사람들이 고개를 내밀었다. 수진 씨도 그 대열에 몸을 맡긴다. 글쓰기 온라인 수업, SNS 활성화 수업, 캘리그래피 수업, 독서 모임 등 집에서 랜선으로 배우며 시간을 가득가득 채우기 시작했다. 무엇에 그렇게 목이 말랐던지 여유만 된다면 배우고 싶은 것들을 모두 배워보고 싶었다.

 수진 씨도 온라인 강의를 듣고 책 읽기와 글쓰기를 꾸준히 해보기로 했다. 먼저 SNS 계정으로 1일 1독서를 하고 서평을 올리기 시작했다. 혼자서 했다면 중간에 그만두었을지도 모르지만 온라인상에서 다른 사람들에게 알리면서 하니 할 수 있었다. 아니 해내고 있는 자신이 놀라웠다. "엄마!"를 끊임없이 외치는 아이들, 제때 치우지 않으면 먼지가 조용히 쌓여가는 일들을 하면서 집중하기 힘들 거라 생각했지만 틈이 날 때마다 읽고 또 읽었다. 수진 씨는 이번만큼은 꾸준하게 하고 싶었고 해야만 지금을 버틸 수 있을 것 같았다. 그즈음 《나의 하루는 새벽 4시 30분에 시작된다》라는 김유진 씨의 책을 읽으며 수진 씨도 미라클 모닝을 하기로 마음먹었다. 아이들이 유일하게 엄마를 찾지 않는 시간이 필요했다. 새벽 4시 30분에 일어나기는 무리여서, 그 대신 6시 알람 소리에 맞춰 꾸역꾸역 일어나 독서를 했다. 고요한 새벽. 조용히 거실로 나와 스탠드를 켜고 목까지 담요를 끌어올리며 한 줄 한 줄 읽어나갔다. 아직 어둠이 가시지 않은 겨울 새벽에 불을 밝히고 책을 읽고 있으면 어느새 해가 떠오른다. 마지못해 일어나던 아침을 먼저 일어나 맞이하는 기분은 참 묘했다. 수진 씨는 비로소 자신이 살아 있는 사람처럼 느껴졌다. 엄마도, 아내도, 딸도, 며느리도 아닌 수진 씨 자신이 되어. 처음에는 피곤해서 낮에 낮잠을 잘 것 같았지만 막상 일찍 일어나보니 피곤하지 않았다.

아무도 알아주지 않았으나 수진 씨는 책을 읽고 그대로 잊히는 게 싫어 열심히 서평을 썼다. 서평이 무엇인지 제대로 알지 못한다. 하지만 최소한 독후감이 되지 않도록 매일 쓴다. 돈까지 벌면 금상첨화련만 수진 씨에게는 스스로 할 수 있는 의지가 더 값져 보인다. 결혼 후 열심히 살아도 누군가의 칭찬을 받은 적이 없었고, 인정을 받은 적도 없었다. 그냥 결혼한 여자는 집안일도, 육아도 당연히 해야 하는 듯 수진 씨 삶을 재촉했었다. 하지만 지금은 온라인으로 독서 인증과 서평을 쓰면서 함께하는 사람들에게 힘을 얻고 칭찬도 받는다. 가끔 나를 인정해주는 듯한 댓글에 힘을 얻는다. '관종이 되어가는 건가?'라고 수진 씨는 쓸데없는 걱정을 하기도 했고, 초반에는 불안하고 조급한 마음 때문에 또 스스로를 옭아매기도 했다. '매일 읽어야지. 그리고 글을 써!'라고. 코로나에만 거리 두기가 있는 것이 아니라는 사실을 수진 씨는 조금씩 깨달았다. 조급해하지 말자, 천천히 가도 된다고 자신을 타일러본다. 하지만 가끔 두렵다. '제대로 쓰고 있는 걸까'라는 생각 때문에 잠깐씩 손이 머뭇거리자 생각의 흐름을 멈춰본다. 살면서 다른 사람의 생각에 휘둘리지 않고 내 중심 잡기가 꽤 어려울 때가 있다는 걸 새삼 느낀다. 수진 씨는 자신의 색을 잃어버리지 않기 위해 소심한 성격이지만 소신을 가지도록 노력한다.

사람의 꾸준함으로 이루지 못하는 일이 있을까. 꾸준하게 독서와 서평을 올리던 수진 씨 집으로도 서평을 써달라는 책들이 조금씩 도착한다. 서평단에 지원하기도 하고 지원을 받기도 했다. 어떤 출판사는 자그만 선물과 함께 책을 보내주어서 아이들이 더 궁금해했다.

"오~ 우리 엄마 인싸야?"

머리가 좀 컸다는 큰아들은 종종 수진 씨를 칭찬한다. 엄마 옆에서 책을 읽고 엄마처럼 책에 알록달록한 색깔로 밑줄을 쫙쫙 긋는 막내딸이 못내 귀엽다. 엄마의 짜증도 우울함도 조금씩 걷히는 모습을 아이들도 느끼지 않았을까. 수진 씨는 못난 자신을 아이들에게 보여주었을 때가 생각나 미안하고 안쓰러웠다. 다행히 자신의 글을 쓰면서 우울한 마음도 조금씩 내려놓을 수 있었다. 수진 씨는 평범한 작은 행복이 지속되기를 욕심내본다.

2020년에 수진 씨는 참 많은 시도를 했다. 남들이 하는 인터넷 상거래에 도전도 해보고 글쓰기 모임에서 꾸준히 글을 쓰는 힘도 길러보았다. 인터넷 상점 열기, 상품 준비해보기, 사업자등록 내보기, 서평 쓰기, 독서 모임 해보기 등 결혼해서 지금까지 한 일보다 2020년

한 해 동안 한 일이 더 많았다. 수진 씨는 코로나로 덕을 보았다고 해야 할까. 밖으로 돌아다니며 낭비하는 시간이 줄어들고 집에서 자신에게 집중하는 시간이 늘어나 많은 일을 할 수 있었던 것 같다. 그래도 조금 아쉬운 점은 있다. 온라인 가게를 열었으나 판매로 이어지지 않았고, 캘리그래피 작가로도 더 활동하고 싶었지만 뜻대로 되지 않았다. 열심히 달려가다가 '이 길이 맞는 걸까? 계속해야 하나?'라는 의문이 들어 잠깐씩 멈춰본다. 그렇게 쉼표를 찍고 나면 다시 꾸준히 할 힘을 얻을 수 있었다.

✦ ✦ ✦

2021년. 여전히 코로나 시대가 이어지고 있지만 수진 씨의 목표는 줄어들지 않았다. 첫 번째는 수진 씨만의 책을 출판해보는 일이다. 그리고 만들어놓은 인터넷 가게를 조금 더 활성화시키고, 좀 더 활발하게 캘리그래피 작가로도 활동하고 싶다. 이루어질지는 모르지만 목표가 있는 것만으로도 삶을 살게 하는 희망의 끈을 쥐고 있는 것이라 생각한다. 성공을 위한 목표 대신 과정이 목표가 될 때 좀 더 멋진 인생을 살 수 있을지도 모르니까. 작년보다 더욱더 무서운 기세로 변이 코로나까지 기세를 부리고 있는 요즘, 백신을 차례차례 맞으며 여전히 일상을 살아나가고 있다. 이제는 마스크 쓰는 삶이 익숙해졌고 손 씻기는 당연한 일이다. 자유롭게 마스크를 벗고 이 무더운 여름에 아이스커피를 호로록 마시며 거리를 돌아다니지 못하는 아쉬움이 있지만 예전으로 돌아갈 수 있다는 희망은 버리지 않는다.

어느새 큰 아이는 코로나 속에 초등학교를 졸업해 중학생이 되었고 막내딸은 유치원을 졸업하고 초등학생이 되었다. 수진 씨는 두 신입생들을 신경 쓰느라 2021년 상반기를 정신없이 보냈다. 자기도 봐 달라는 듯 둘째 아들은 집에서 뛰어놀다 발가락이 부러지는 사고로 두 달 동안 엄마와 학교로 병원으로 매일 함께 보냈다. 반면 수진 씨가 그렇게 두 아들을 살찌우고 싶었던 소망이 드디어 이루어졌다. 코로나로 집에만 있다 보니 운동 부족으로 아이러니하게도 두 아들은 건장해지고 더 건강해졌다.

2020년까지 잘 버텼지만 올해 수진 씨 가족도 자가격리 통보를 받아 2주간 온 가족이 집에 있었다. 가족 중 아무도 코로나라는 바이러스에 감염되지 않아 다행이었지만 경계하는 마음은 좀 더 커졌다. 수진 씨는 하루에 삼시 세끼와 간식을 수시로 챙기느라 정신이 없었지만 아이들이 많아 다행이라 생각했다. 자기들끼리 놀아주는 덕분에 수진 씨도 자기 시간을 좀 더 가질 수 있었고 외로울 틈이 없었기 때문이다. 매일 얼굴을 맞대고 사니 징글징글하게 싸우기도 했지만 집에 한 명이라도 없으면 조용하고 이상하다고 서로 얘기한다. 하루도 빠지지 않고 싸우고 놀려대도 서로가 서로를 찾고 챙겨주면서 2년간 더 끈끈해졌기 때문일 것이다. 아마도 이 시기가 지나면 또 각자의 학교로, 학원으로, 회사에 가느라 서로 얼굴을 보고 밥을 먹을 시간이 줄어들겠지.

코로나로 조금 성장한 수진 씨는 좀 더 단단한 사람이 된 것 같다.

엄마, 아내, 딸, 며느리 말고, 수진 씨 본인의 이름으로도 살아가고 있으니까. 비록 마스크를 쓰는 삶이 이어지고 서로 만나기를 조심스러워하는 생활이 계속되고 있지만, 자신에게 집중할 시간은 더 늘어나고 있지 않은가. 아마도 코로나 바이러스는 계속 변이를 일으킬 것이고 백신 하나로 모든 것이 끝나지 않을지도 모른다.

다시 하늘의 길이 열려 자유롭게 오갈 수 있는 시대를 기다리며 오늘도 수진 씨는 파란 하늘을 올려다본다.

# 랜선 제주 여행
### 글쓰기로 위로받은 나의 코로나 1년

○ 조이홍 ○

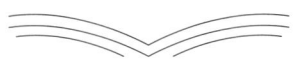

　처음에는 그리 대수롭지 않게 여겼습니다. 며칠 이러다 말겠지 싶었더랬죠. 그도 그럴 것이 우리나라에서 코로나 확진자가 처음 나온 게 2020년 1월 20일이었습니다. 이후 한 달여간 확진자는 하루에 한두 명에 불과했습니다. 확진자가 발생하지 않은 날이 더 많았습니다. 당연히 언론에서도 코로나를 비중 있게 다루지 않았습니다. 가끔 우려의 목소리가 들려오긴 했지만, 우리 일상은 그 이전과 마찬가지로 완벽하게 평범했습니다. 마침 첫째 아이가 초등학교를 졸업해 따뜻한 봄이 되면 제주도로 가족 여행을 떠나기로 했습니다. 제주는 우리 가족에게 파라다이스입니다. 가고 싶은 곳도 많고 하고 싶은 것도 많습니다. 맛있는 음식은 말할 것도 없지요. 특히 이번에는 오랫동안 별러왔던 해안도로를 따라 자전거로 제주를 한 바퀴 완주하는 색다른 도전도 계획했습니다. 설레는 마음으로 비행기 표를 예약하고, 스마트폰 앱으로 마음에 드는 숙소를 매일매일 찾아보았습니다. 여행을 준비하는 과정도 또 하나의 즐거움이었습니다. 그런데 이게 무슨 변고인가요? 2월을 용케 버티나 싶더니 상황이 점점 심상치 않았습니다. 확진자가 30여 명, 70여 명, 200여 명에 이르더니 900명을 훌쩍 뛰어넘었습니다. 결국 코로나가 우리 삶 한가운데로 깊숙이 파고들었습니다. 속보로 특집으로 코로나발 기사가 연일 쏟아졌습니다. 첫 사망자도 나왔습니다. 인류 최후의 날이 눈앞에 닥치기라도 한 듯했습니다. 무관심은 불안감으로, 불안감은 다시 공포로 변했습니다. 슬픈 예감은 틀린 적이 없습니다. 빠르게 번지는 낯선 전염병의 확산을 막기 위해 '사회적 거리 두기'라는 생소한 방역 지침이 시행되었습니다. 멈출 줄 모르고 빠르게 돌아가던 '현대 사회(modern times)'라는 톱니바퀴가 멈춰 섰습니다. 아이들 개학이 연기되더니 급기야 등교대신 비대면으로 수업을 진행했습니다. 일부 회사도 재택근무로 빠르게 전환했습니다. 준비되지 않은 것투성이였지만 누구를 원망해야 할지 몰랐습니다. 누구도 예상할 수 없던 일이었으니까요. 너무나 당연하게 여겼던 하루, 어제도 오늘도 내일도 같으리라 믿었던 일상은 이제 어디에도 없었습니다.

바뀐 일상은 모두에게 낯설고 힘들었지만, 우리 가족만의 명랑함으로 즐겁게 지내려 노력했습니다. 매일 다니던 수영장을 더는 갈 수 없게 된 아이들과 틈나는 대로 동네 뒷산을 올랐습니다. 겨울 끝자락에서 봄의 기운이 태동하고 있었습니다. 극장에 가지 못하는 대신 주말이면 거실에 캠핑용 스크린과 빔프로젝터를 설치해 가족 영화관을 차렸습니다. 때론 김치볶음밥, 때론 피자와 팝콘을 먹으며 좋아하는 영화를 보았습니다. 부루마블로 세계 도시들을 정복하고, 할리갈리와 치킨차차, 고스트 헌터 같은 보드게임으로 치열한 승부의 세계에 빠져들었습니다. 마음껏 외출할 수 없으니 답답하기도 했지만, 그런 대로 괜찮았습니다. 게다가 아직 제주 여행이라는 희망의 불씨도 꺼지지 않았으니 버틸 만했습니다. 비록 그 불씨가 거대한 태풍 앞에 휘청거리는 촛불처럼 약하고 보잘것없었지만요. 어느 날 '코로나 블루'란 얼핏 들으면 제법 예쁜 이름을 가진 녀석이 주위를 서성인다는 걸 눈치챘습니다. 다른 사람보다 감이 좋지 않은 제게 들킬 정도라면 꽤 가까이 다가왔었나 봅니다. 코로나가 장기화하면서 감염에 대한 우려와 사회적 거리 두기에 따른 일상생활의 제약이 우울감이나 무기력증으로 나타나는 또 하나의 질병이었습니다. 이 녀석도 제 친구를 닮아 무시무시했습니다. 가깝고도 먼 이웃 나라 일본에서는 '극단적 선택'을 하는 사례가 증가했습니다. 미국이나 영국에서도 자국민이 코로나로 인한 고독감, 우울감, 슬픔, 불면증 등을 심각하게 겪고 있다고 우려했습니다. 인류는 고약한 독감과 지끈지끈 두통을 동시에 앓게 된 셈이었습니다. 어쩐지 아무 이유 없이 무기력감이 새벽안개처럼 스멀스멀 올라오거나 짜증이 파도처럼 시도 때도 없이 밀려오는 날이 하루 이틀 늘어난다 싶었습니다. 코로나 블루 조기 경보 시스템을 가동해서, 그 녀석이 우리 집에 발을 들여놓을 수 없도록 대책을 마련해야 했습니다.

   우리 집 '코로나 블루 확산방지위원회' 위원장으로서 고심 끝에 내린 결론은 '웃음'이었습니다. 웃을 일이 없을수록 억지로라도 웃어야겠다고 마음먹었습니다. "행복해서 웃는 게 아니라, 웃으니까 행복해진다"라고 역설했던 무한도전 노긍정 선생님의 말씀을 실천했습니다. 인터넷에서 한 시절을 풍미했던 참새 시리즈, 덩달이 시리즈, 최불암 시리즈를 찾아내 틈나는 대로 아내와 아이들에게 융단 폭격했습니다. 옛날 사람인 아내는 피식 웃기도 했지만, 아이들은 마치 이해할 수 없는 외계어를 듣기라도 한 듯 어이없는 표정을 지었습니다. 세상 착한 아이들은 유독 엄마 음식과 아빠 유머 앞에서만큼은 냉정했습니다. '가족끼리 이럴 수 있냐'고 항변했지만, '가족이니까 아빠를 위해서다'라는 공허한 메아리만 되돌아왔습니다. 그즈음 중요한 사실을 하나 발견했습니다. 아이들에게 코로나로 인한 우울감이나 슬픔은 발 디딜 틈조차 없었습니다. 오히려 학교에 가지 않는 지금이 아이들에게는 더없이 행복한 시간이었습니다. 물론 그 행복은 아내의 헌신 없이는 불가능했습니다. 왜 사람이 하루에 세끼를 먹어야 하는지 아내는 처음으로 존재론적 질문을 던졌습니다. 아무튼 영특한 아이들은 그 사실을 자기들만의 비밀로 간직한 채 결코 바깥으로 드러내지 않았습니다. 시무룩한 얼굴 뒤로 웃고 있었습니다. 걱정해야 할 사람은 슬기롭게 코로나 생활을 극복하는 아이들이 아니라 정작 아내와 저였습니다.

 엎친 데 덮친 격으로 풍전등화(風前燈火) 같았던 제주 여행도 취소하기로 했습니다. 차마 제주로 떠날 수 없었습니다. 우연히 텔레비전 뉴스를 본 게 화근이었습니다. 봄이 오기만 손꼽아 기다렸을 노랑 유채꽃을 제주 주민들이 스스로 갈아엎는 다소 충격적인 장면이었습니다. 유채꽃이 미워서 그런 게 아닙니다. 뭍에서 관광객이 모여들면 무서운 전염병이 함께 옮겨올까 두려웠기 때문입니다. 관광 수입이 지역 경제의 주요 소득원인 그곳에서 오죽하면 그랬을까 싶었습니다. 누군가의 행복이 누군가의 불행으로 이어진다면 어떻게 예쁜 꽃길을 사랑하는 가족과 웃으며 걸을 수 있을까요? 제주에 가고 싶은 마음을 꾹꾹 눌러 다시 서랍장에 넣었습니다. 비행기 표와 숙소도 취소했습니다. 우리 가족을 위해서, 지역 사회를 위해서 집에 머물기로 마음먹었습니다. 잘한 선택이었습니다. 누가 알아주지 않아도 스스로가 대견했습니다. 예쁜 이름의 그 녀석은 한 걸음 더 바짝 제 곁으로 다가왔습니다.

   3월 중순만 지나도 따뜻한 제주는 만개한 벚꽃들로 아찔합니다. 왕벚꽃 축제도 열립니다. 이름에 왕이라는 글자가 들어가서인지 꽃망울이 다른 지역보다 훨씬 큼지막한 것 같습니다. 문학적인 표현이 아니라 정말 튀긴 팝콘 모양을 그대로 닮았습니다. 해운대 달맞이 고개에서 본, 여의도 윤중로에서 본, 설악산 입구 벚꽃 터널에서 본 꽃들 모두 감탄사가 절로 나왔지만, 꽃망울만 보면 제주 왕벚꽃을 벚꽃의 여왕이라고 불러도 좋습니다. 꽃을 좋아하지 않던 사람이 꽃이 좋아지면 나이 든 증거라는데 아마 저도 나이 든 티를 내나 봅니다. 벚꽃이 그렇게 아름다워 보일 수 없었습니다. 유채꽃은 또 어떤가요? 제주에서 유채꽃은 기름을 얻기 위한 유료 작물로 1960년대 초부터 재배되었습니다. 유채꽃이 추위와 습기에 강하고 빨리 자라는 습성이 있어 척박한 섬의 토양과 잘 맞기 때문입니다. 지천으로 핀 유채꽃은 언제부턴가 제주 하면 떠오르는 이미지 중 하나가 되었습니다. 한 해에도 몇 번씩 20년 넘게 제주를 찾았으니 그 풍경이 익숙해질

법도 한데 여전히 흐드러지게 핀 유채꽃을 보면 눈 내리는 날 마실 나온 동네 개들처럼 이리 뛰고 저리 뛰고 좋아 어쩔 줄 모릅니다. 애월 한담 해안 산책로, 서우봉, 성산 유채꽃 재배단지, 구좌 해안로, 번널오름, 화순리 유채꽃길 등 올해는 꼭 걸어보리라 다짐했던 아름다운 꽃길들이 눈앞에 아른거렸습니다. 가지 못한다고 생각하니 더 간절했습니다.

그때 문득 생각 하나가 머리를 스쳐 지나갔습니다. 우리처럼 제주로 떠나지 못하고 스스로 고립된 배려심 많은 사람을 위로해줄 방법이 없을까? 이런 생각에서 랜선으로 떠나는 제주 여행을 기획했습니다. 마침 브런치(글쓰기 플랫폼)에 소소한 일상을 기록하고 있었고, 제주 한 달살이하면서 찍었던 예쁜 사진들과 공부했던 책들도 있어 시도해볼 만했습니다. 무엇보다 그 글을 통해 저 자신을 위로하고 싶었습니다. 사실 한 달살이가 끝난 후 책을 출판해보려고 써놓은 초고도 제법 있어 글 쓴다는 부담도 적었습니다. 취미로 그림을 그리던 아내도 함께하기로 했습니다. 아름다운 제주의 풍경을 틈틈이 캔버스에 담기로 했습니다. 그림책 작가가 꿈인 아내에게도 새로운 도전이었습니다. 그리고 보니 코로나가 우리 안에 잠자고 있던 예술혼을 다시 불살라준 셈입니다. 그래도 차마 고맙다고 말할 수는 없었습니다.

### 에메랄드빛 바다에 물들다

편리한 디지털카메라와 스마트폰 카메라의 단점이라면 역시 수도 없이 많은 사진의 숫자입니다. 필름 카메라 시절에는 상상도 못 했던 일입니다. 제주 한 달살이하면서 찍은 사진이 5천여 장을 훌쩍 넘었습니다. 여행 앨범을 만드느라 추리고 추린 수백 장의 사진이 'best of best'라는 폴더에 고스란히 잠들어 있었습니다. 새로운 기획으로 글을 쓰려니 날짜별로, 일정별로 처음부터 한 장 한 장 다시 살펴보아야 했습니다. 네, 5천 장이 넘는 사진을요. 조금도 지겹거나 지루하지 않았습니다. 1년 전의 행복했던 기억들이 눈앞에 소환되었습니다. 추억이란 '그때가 좋았지'라는 회상으로 과거를 미화하는 기억의 편린(片鱗)일지도 모르지만, 한여름 늦은 밤 마시는 시원한 캔맥주처럼 삶에 생기를 불어넣어주곤 합니다. 가장 먼저 눈을 사로잡은 건 역시 제주의 바다였습니다. 환상적인 에메랄드빛 바다가 눈앞에 펼쳐지는 듯했습니다. 당장이라도 풍덩 뛰어들고 싶었습니다. 한동안 넋 놓고 바라보았습니다. 우리 가족에게 산과 바다 중에 어디가 더 좋냐는 질문은 엄마와 아빠 중에 누가 더 좋은지 물어보는 것만큼 곤란한 질문입니다. 어쩔 수 없이 한쪽을 반드시 선택해야 한다면 아마도 바다 손을 들어줄 것 같습니다. 생명체 탄생의 기원인 바다를 향해 우리 인간의 DNA에 그리움이 각인되어 있기 때문인지 모르겠습니다. 바다를 보고 있으면 마음이 편해집니다. 바닷물에 들어가 그냥 둥둥 떠 있기만 해도 몸도 마음도 치유되는 느낌입니다. 물놀이하면 정말 누구보다 신나게 즐길 자신 있습니다. 컵라면 하나로 끼니를 때우고도 온종일 헤엄치고, 모래성을 쌓고, 스노클링과 책 읽기를 즐기는 우리 가족은 바다에 무척 진심입니다.

물은 원래 무색투명합니다. 그런데 왜 제주 바다는 유독 에메랄드빛으로 보일까요? 한창 호기심 많은 나이라 그냥 넘어갈 수 없었습니다. 예전에는 이런 궁금증이 생기면 책이나 백과사전부터 찾았습니다. 이제는 그럴 필요는 없습니다. 녹색창에 검색하면 상세하게 답을 찾을 수 있으니까요. 편리한 세상입니다만 왠지 마냥 좋지만은 않습니다. 중요한 무언가를 놓친 듯한 기분입니다. 괜한 걱정일까요? 각설하고, 기초적인 과학 상식만 있으면 궁금증을 해결할 수 있습니다. 빛이 산란하는 특성 때문입니다. 빛은 여러 개의 색으로 나눌 수 있는데 색마다 파장이 모두 다릅니다. 가장 파장이 긴 빨간색 광선부터 파장이 짧은 파란색 광선 순입니다. 대부분 광선은 물에 부딪혀 흡수되지만, 왠지 파란색은 덜 흡수되고 반사되어 퍼져나가 바다가 푸르게 보입니다. 그런데 푸른색도 미묘하게 조금씩 다릅니다. 바다에 함유된 미립자 때문입니다. 아주 작은 먼지 알갱이, 플랑크톤이 바다색에 영향을 줍니다. 유난히 코발트빛으로 보이는 바다는 식물성 플랑크톤이 풍부한 덕분이고, 에메랄드빛 바다는 수심이 낮고 산호초에서 나온 석회질 성분이 녹아 있기 때문입니다. 에메랄드빛 제주 바다에 대한 궁금증을 시원하게 풀었습니다.

조금 뻔하기는 해도 '랜선 제주 여행' 첫 꼭지를 '바다'로 정했습니다. 사진을 정리하고 써놓았던 글과 공부했던 책을 다시 살펴보았습니다. 해수욕장별로 유례나 특징, 한 달살이 경험과 개인적인 소회를 모아 글을 썼습니다. 글쓰기 플랫폼인 만큼 문장력이 중요하지만, 제주에 닿지 못하는 랜선 여행자를 위한 글이라 부족한 문장력은 아름답고 예쁜 사진으로 채웠습니다. 그 내용을 전부 소개할 수 없으니 가족 단위로 즐기기에 좋은 제주 바다를 살짝 소개해드리겠습니다.

  제주 바닷가는 어디든 천국이지만 가족 단위로 물놀이하기에 좋은 해변은 김녕해수욕장, 금능해수욕장, 이호테우해수욕장입니다. 지극히 개인적인 견해와 경험에 근거했습니다. 협재해수욕장, 함덕해수욕장 또는 중문색달해수욕장을 최고라고 생각하는 분도 있으시리라 생각합니다. 그럴 수 있습니다. 그럼 왜 이 해변들이 가족끼리 즐기기에 좋은지 제 이야기를 들어보세요.

○ **김녕해수욕장**

  에메랄드빛과 코발트 색이 조화를 이루며 바다 색깔이 유난히 예쁜 곳이 김녕해수욕장입니다. 빛깔이 정말 곱습니다. 바다 색깔로만 보면 역시 최고는 김녕해변이라고 말할 수 있습니다. 사실 이것만으로도 이유는 충분합니다. 주위에 풍력 발전기가 있어 이색적인 매력도 물씬 풍깁니다. 제법 멀리까지 걸어가도 수심이 얕고 경사가 완만해 특히 아이들과 물놀이하기에 그만입니다. 많은 사람이 찾는 함덕해수욕장과 월정리해변 사이에 있어 언제 가도 붐비지 않는 조용한 해변이라는 점도 참 좋습니다. 다른 사람의 방해를 받지 않으면서 물놀이하고 싶다면 김녕만 한 곳이 없습니다. 주위에 편의 시설이 많지 않다는 것은 단점이자 장점입니다. 하루쯤은 컵라면으로 한 끼 때우더라도 아무것도 하지 않고 이리 뒹굴고 저리 뒹굴며 쉬고 싶지 않으신가요? 모처럼 얻은 휴가를 온전히 가족에게 쏟아부을 수 있는 최고의 해변입니다. 일상에 쫓겨 사두고 읽지 못했던 책이 있다면 이곳에 갈 때 꼭 챙겨가세요. 어른들도 아이들도 책 읽기 매력에 푹 빠지는 곳이 김녕해변입니다.

○ 금능해수욕장

제주 한 달살이하면서 발견한 보물, 정말 친한 친구에게만 귀띔으로 살짝 알려주고 싶은 곳은 금능해수욕장입니다. 금능해변은 제주에서 가장 유명한 협재해수욕장과 인접해 상대적으로 덜 알려졌습니다. 여러 번 방송에 소개되어 이제는 제법 유명해졌지만, 다행히 그 매력을 잃지 않고 있습니다. 눈앞에 펼쳐진 비양도와 에메랄드 빛 바다가 만들어낸 풍경은 제주 현지인의 웨딩 촬영 장소로 주목받을 만큼 매우 아름답습니다. 사실 금능해변을 적극적으로 추천하는 이유는 따로 있습니다. 상대적으로 사람의 왕래가 적은 이곳은 어랭이, 자리돔, 긴 꼬리 벵에돔, 범돔, 보리멸, 복섬, 고등어 등 제주 근해 어종의 천국입니다. 최근에는 바닷물이 따뜻해져 좀처럼 만나기 힘든 열대어도 심심치 않게 볼 수 있습니다. 덕분에 스노클링으로 유명한 해외 여느 바닷가 못지않은 장관을 연출합니다. 웬만한 아쿠아리움보다 훨씬 낫습니다. 물고기와 인간 사이를 가로막고 있는 거대한 유리 벽이 없으니까요. 더 재미있는 사실을 알려드릴까요? 인간이 나쁜 마음을 품지 않으면 물고기들은 절대 도망가지 않습니다. 가만히 기다리면 오히려 사람 주위로 모여듭니다. 마치 디즈니 애니메이션의 한 장면처럼 인어가 되어 알록달록 다양한 물고기들과 함께 헤엄치는 황홀한 체험을 할 수 있습니다. 물아일체(物我一體)의 경지가 꼭 선인이나 도인의 이야기는 아닙니다. 아이들에게 이보다 더 값진 경험이 있을까요? 썰물 때는 수심이 얕아져 안전하게 즐길 수 있습니다. 서쪽 해변에 있으니 석양이 아름다운 건 말할 필요도 없습니다. 금능해변에 가봐야 할 이유가 이렇게나 많습니다.

○ 이호테우해수욕장

마지막으로 소개할 이호테우해수욕장은 사실 우리 가족이 잘 찾지 않는 바다였습니다. 특별히 나쁜 기억도, 선입견도 없던 장소였는데 왜 그랬을까요? 곰곰이 생각해보니 그럴 만한 이유가 있었습니다. 일종의 심리적인 '기피' 현상이었습니다. 이호테우에 이르는 길은 제주국제공항에 닿는 길과 거의 일치합니다. 여행을 끝내고 집으로 돌아가는 길목인 셈입니다. 의식적이든 무의식적이든 애써 그 길은 피하고 싶었나 봅니다. 집에 돌아가기 싫은 마음에서 이호테우해수욕장은 우리 가족에게 외면당했습니다. 그렇다고 이곳을 추천하는 이유가 미안함 때문은 결코 아닙니다. 천연 테마파크처럼 신나고 재미있는 해변이기 때문입니다. '테우'는 옛 제주인들이 바다에서 물고기를 잡거나 해초를 채취할 때 사용하던 통나무 뗏목을 말합니다. 제주 곳곳에서 테우를 볼 수 있지만, 아예 지명에 들어간 건 이곳이 유일합니다. 8월에 열리는 테우 축제는 현지인과 관광객이 함께 즐길 수 있는 흥겨운 축제입니다. 맨손 고기 잡기, 테우 노 젓기 대회와 승선 체험, 원담 고기잡이 등 전통적인 놀 거리와 볼거리가 가득합니다. 행사에 참여한 아이들도 더없이 즐거워 보였지만 사실 부모님들이 더 즐거워 보였습니다. 동심으로 돌아간 어른들의 까르륵까르륵 웃음소리가 참 듣기 좋았습니다.

 그럼 이호테우 바닷가에서만 즐길 수 있는 아주 특별한 놀이를 소개해드릴까요? 제가 직접 개발한 놀이입니다. 아무런 준비물도 필요 없습니다. 참, 시력은 좀 좋아야 합니다. 온 가족이 함께 즐길 수 있는 '비행기(항공사)를 맞춰봐'입니다. 제주 국제공항에서 이륙한 비행기가 이호테우 상공을 지날 때면 아직 고도가 높지 않기에 항공사 식별이 가능합니다. 저 멀리서 날아오는 비행기를 보고 항공사를 맞추는 놀이입니다. 운이 따라야 하는 놀이지만 그것 못지않게 은근히 실력도 필요합니다. 청력이 민감한 사람은 엔진 소리만 듣고도 기종을 구별할 수 있다고 하니까요. 정답을 맞힌 사람은 틀린 사람에게 벌칙을 내립니다. 무척 간단하죠? 재미없을 것 같다고요? 코로나가 끝나고 제주로 여행 가면 직접 해보세요. 한 시간이 정말 후딱 지나갑니다. 벌칙을 돈가스나 고속도로, 인디언 밥 등으로 정하면 활활 타오르는 승부욕을 식히기 어렵습니다. 심지어 가족끼리라도요. 착륙하는 항공기 맞추기 놀이는 어디에서 할 수 있는지 궁금하다고요? 이런, 벌써 이 놀이의 매력에 푹 빠지셨군요. 다른 몇몇 장소도 가능하지만 '용두암'을 추천합니다. 고도와 시계(視界)를 고려할 때 최상의 장소입니다. 단, 너무 흥분해서 주위에 피해를 줄 만큼 시끄럽게 굴면 안 된답니다.

처음 제주 바다를 두 눈에 담았던 게 1993년입니다. 고등학교 친구들과 대전 엑스포를 관람하고 목포를 통해 무려 일곱 시간이 넘는 뱃길을 따라 제주에 도착했습니다. 밤늦게 도착한 한적한 바닷가가 그 유명한 함덕해수욕장이었다는 사실을 다음 날 알게 되었습니다. 기대와는 달리 함덕해변에는 바다 이외에 정말 아무것도 없었습니다. 너무 썰렁해 실망스럽기까지 했습니다. 돌이켜 생각하면 그때가 좋았습니다. 바닷가에 물 맑은 바다와 모래사장만 있으면 충분하지요. 예쁜 카페나 프랜차이즈 커피숍, 패스트푸드점이 즐비한 요즘, 오히려 함덕해변에 발길이 뜸해집니다. '라떼는 말이야'를 외치는 꼰대의 잔소리일지도 모르겠습니다만, 너무 많은 것들로 채워진 제주의 바다는 조금 부담스럽습니다. 아장아장 걷던 첫째 아이를 목마 태우고 걸었던 눈부시게 아름답던 협재해변도 사라진 지 오래입니다. 조금 과장해서 말하면 휴가철에는 바닷물보다 사람이 더 많습니다. 관광지마다 즐비하게 늘어선 건물들과 북적이는 차들과 사람들을 보면 이곳이 제주인지 아닌지 착각이 들 정도입니다. 아름다운 제주 바다를 꼭 가보라고 침 튀기며 소개하면서 한편으로 많은 사람이 가지 않으면 좋겠다고 생각하니 저도 참 이율배반적입니다. 코로나로 해외여행이 불가능해지면서 올여름에도 제주는 어디 할 것 없이 인산인해(人山人海)를 이룰 듯합니다. 남을 더 배려하는 여러분도 저도 에메랄드빛 바다에 물들고 싶다는 바람을 또다시 미뤄야 할지도 모르겠습니다.

## 석양빛에 물들다

  우리나라에는 일몰이 아름답기로 유명한 곳이 참 많습니다. 대한민국 3대 일몰 명소, 전국 10대 일몰 명소, 제주 7대 일몰 명소 등 이름도 아주 다양합니다. 어디에서나 쉽게 볼 수 있는 석양(夕陽)과 낙조(落照)를 일부러 멀리까지 가서 보려는 사람들이 많은 걸 보면 인간이란 참으로 낭만적인 존재입니다. 어스름 저녁, 지는 해가 하늘을 붉게 물들이면 저도 모르게 감탄사가 튀어나옵니다. 생각해보니 정말 소중한 것들은 모두 공짜입니다. 태양, 공기, 바다 모두 마찬가지입니다. 공평하지 않은 세상이라고 생각했는데 공평한 것도 많았네요.

  최초의 코로나가 어디서 발생했는지는 분명한 듯합니다만, 아직 정확한 발생 원인은 확인되지 않았습니다. 일부 학자들은 지구 온난화와 같은 기후 변화를 주요 원인으로 꼽기도 합니다. 한나 아렌트는 《인간의 조건》에서 "인간이 인위적으로 만든 세계는 인간의 실존을 모든 단순한 동물적 환경으로부터 분리하지만, 생명 자체는 이러한 인위적 세계의 바깥에 존재하며, **인간은 생명을 통해 모든 다른 살아 있는 유기체와 관계를 맺고 있다**"라고 말했습니다. 소름 돋도록 정확한 지적입니다. 인간은 지구상에 존재하는 모든 생명체와 매우 강력하게 연결되어 있습니다. 지구와 연결되어 있음은 두말할 필요도 없습니다. 역사상 그 어느 때보다 왕성하게 활동하는 인간은 이제 직접적으로 지구와 다른 생명체에 크나큰 영향력을 행사합니다. 인간이 편리함을 추구할수록 지구는 조금씩 더워집니다. 그 결과 일부 종(種)

의 멸절이 현실화되고, 몇몇 섬은 해수면 상승으로 수십 년이 지나면 사람이 살 수 없게 됩니다.

코로나로 지구가 멈추었다는 지난 한 해 동안 얼마나 많은 양의 온실가스가 감소했을까요? 계산 방식에 따라 조금씩 차이가 나지만 대략 5퍼센트 감소했다고 합니다(《빌 게이츠, 기후재앙을 피하는 법》 참고). 지구가 멈추었는데 고작 5퍼센트라니요. 얼마나 많은 사람이 목숨을 잃고, 얼마나 많은 사람이 직장을 잃었던가요! '코로나의 역설'이라 부르며 자연이 돌아왔다고 설렜는데 희생의 대가치고는 너무 가혹합니다. 자연이 코로나라는 전대미문의 바이러스를 통해 인류에게 전하려는 메시지는 무엇일까요? 석양을 대하는 우리의 태도에서 실마리를 찾아봅니다. 그렇습니다. 아무것도 하지 않고 그저 바라보는 것입니다. 필요한 건 우리 몸 깊은 곳에서 끓어오르는 정체를 알 수 없는 뜨거움과 감동의 눈물 한 방울이면 충분합니다. 이제 지구가 시원하게 쉴 수 있도록 우리의 생활 방식과 태도를 바꾸어야 합니다. 자원을 채취해 대량으로 물건을 생산하고 이를 다시 엄청난 에너지를 투입해 폐기하는 '선형경제'에서 벗어나 자원 절약과 재활용을 통해 지속 가능성을 모색하는 '순환경제'로 전환해야 합니다. 저 역시 제주의 아주 작은 포구에서 삶의 태도와 행복에 대해 생각해볼 기회가 있었습니다. 우연처럼 운명처럼 그 순간이 제게 찾아왔습니다. 랜선 제주 여행을 함께하는 분들과 나누고 싶은 그곳의 이름은 판포포구입니다.

○ 판포포구

　판포포구는 한경면 판포리에 있는 작은 포구입니다. 어민들이 포구로 사용하던 공간을 물놀이할 수 있도록 개방했는데 풍경이 예사롭지 않습니다. 여느 해수욕장과는 또 다른 정취가 느껴집니다. 옥빛 바닷물도 유난히 시선을 사로잡습니다. 잘 알려지지 않아 아직 편의 시설(탈의실, 샤워장)은 갖추지 못했지만, 일부 관광객들과 현지인들이 즐겨 찾는 스노클링 명소입니다. 피서철에는 안전 요원이 상주하고 지역 주민이 직접 운영하는 간이매점에서 구명조끼나 튜브 등의 장비를 구매, 대여할 수 있습니다. 물때에 따라 차이는 나지만 어린 아이들이 물놀이하기에는 수심이 다소 깊어 반드시 튜브나 구명조끼를 착용해야 합니다. 걷기보다 수영을 먼저 배운 아이들은 마치 돌고래처럼 판포포구의 바다를 누비며 실력을 뽐내서 주위 사람들로부터 부러움과 시샘을 동시에 받기도 했습니다. 물놀이하기에도 그만이지만 사실 이곳은 더 큰 매력을 가지고 있습니다. 제주에서 가장 매력적인 석양을 감상할 수 있는 핫플레이스입니다. 일몰이 아름답다는 공공연한 비밀로 늦은 오후가 되면 삼삼오오 모여드는 사람들로 판포포구 거리는 제법 붐빕니다. 해상풍력단지를 배경으로 수면 아래로 얼굴을 감추는 태양과 그 여운이 하늘에 뿌려놓은 붉은 기운은 이 세상 경치가 아닌 듯합니다. 10분을 가만히 앉아 있지 못하는 에너지 넘치는 아이들도 황홀경에 빠져 가만히 앉아 오래도록 그 풍광을 온몸으로 받아냅니다. 그런 아이들 모습을 보면 자연의 위대함까지는 모르겠으나 경외감이 들지 않을 수 없습니다.

물론 약간의 보조 장치가 필요합니다. 물놀이에 지친 아이들 손에 핫도그를 하나씩 쥐여주었습니다. 둘째 아이와 저는 핫도그라면 자다가도 벌떡 일어납니다만, 첫째 아이와 아내는 굳이 돈 내고 그걸 왜 먹냐고 할 정도로 방관자였습니다. 판포포구에서 만난 핫도그는 차원이 달랐습니다. 방관자를 단숨에 핫도그 애호가로 만들어버렸으니까요. 오죽하면 아내가 "세상에서 가장 맛있는 핫도그를 먹으며 석양빛이 하늘에 그린 그림에 흠뻑 취해보지 않은 사람은 진정한 행복에 닿지 못한 사람이다"라고 했을까요. 석양이 아내를 시인으로 만들어주었습니다. 아내뿐만 아니라 이곳에 있으면 누구나 시인이 됩니다. 허공에 부유하는 아름다운 언어들을 곤충 채집하듯 말로 글로 담아내기만 하면 되니까요.

　판포포구 석양 앞에서 비로소 행복이란 참으로 소박한 것임을 깨달았습니다. 40대의 터널을 지나고 한 살 한 살 나이가 들수록 삶에 대해, 행복에 대해 많이 생각하게 됩니다. 성공, 돈, 건강 중요하지 않은 건 하나도 없었습니다. 이 정도면 충분한가 고민하며 밤잠을 설치기도 했습니다. 판포포구 석양이 누구에게나 똑같은 감동을 선사할 리 없습니다. 핫도그 역시 마찬가지입니다. 마침 비 온 후라 날씨가 청명했습니다. 초원에 놀러 나온 한 무리의 양 떼처럼 아기자기한 구름이 하늘에 뛰어다녔습니다. 무더위를 식혀주지 못하는 미지근한 바람이 얼굴을 간지럽혔습니다. 일렁이는 바다는 숨죽여 이 모두를 지켜보았습니다. 정확히 그때 붉은 하늘을 보는 제 눈에서 눈물이 툭 하고 떨어졌습니다. 제 행복의 반경은 사랑하는 가족과 바닷가에서 일몰을 감상하며 맛있는 핫도그를 한 입 베어 무는 정도라는 걸 알게 되었습니다. 그거면 충분했습니다. 잠 못 들었던 밤이 언제였던 가요? 파랑새를 찾아 모험을 떠난 남매가 그토록 애타게 찾던 파랑새를 발견한 곳은 다름 아닌 자신들의 집이었습니다. 허상(虛想)을 좇아 헤매는 삶을 그만두기로 마음먹었습니다. 이날 먹은 핫도그는 참 짭조름했고 석양빛은 유난히 붉었습니다. 아이들이 볼까 얼른 눈물을 훔쳤습니다.

### 자연을 닮은 섬이 그립다

제 생에 첫 해외 여행지는 말레이시아의 코타키나발루(Kota Kinabalu)였습니다. 지금은 너무 친숙한 동남아시아 유명 관광지 중 하나가 되었지만, 2000년대 초반까지는 이름조차 들어본 적 없는 생경한 섬이었습니다. 그런 섬에 가봐야겠다고 결심한 이유가 특별하지는 않았습니다. 말레이시아에서 어린 시절을 보낸 회사 동료가 컴퓨터 바탕화면에 깔아놓은 사진을 우연히 본 게 전부였습니다. 인생의 중요한 결정도 때론 아주 사소한 일에서 시작되는가 봅니다. 물론 첫 해외여행이 인생의 중요한 결정이라는 의미는 아닙니다만. 반년쯤 후 해외여행 무경험자의 단순함과 용기에 한껏 고무된 저는 코타키나발루행 비행기에 몸을 실었습니다. 초심자의 행운이라고 해야 할까요? 모든 게 너무 만족스러웠습니다. 천국이 있다면 정말 이런 모습이 아닐까 싶었습니다. 그곳은 사람들 발길이 닿지 않아 조용하고 한가로웠습니다. 눈길 닿는 곳마다 아름답지 않은 곳이 없었습니다. 현지인들은 참으로 친절했고, 전통 음식은 이색적인 맛을 선사했으며 물가까지 무척 저렴했습니다. 우리나라에서는 맛보기 힘든 열대 과일도 원없이 먹었습니다. 천국 운운했던 표현이 결코 과장이 아니었습니다. 무엇보다 마음에 들었던 건 자연 그대로의 자연이었습니다. 에메랄드 빛 바다, 드높은 하늘과 유난히 뽀얀 구름, 자신감 넘치는 태양, 무더운 오후를 식혀주는 강력한 스콜 그리고 설탕을 뿌려놓은 듯한 밤하늘까지 자연이 그때그때 내어주는 장면들이 모두 좋았습니다. 아름다운 산호 밭을 오가며 이름도 모르는 열대어들과 함께 헤엄치는 황홀함도 이때 처음 경험했습니다.

  환상적이었던 첫 여행 이후 한 해 걸러 한 번씩 코타키나발루를 찾았습니다만 다섯 번째가 마지막이 되었습니다. 한국뿐만 아니라 일본과 중국 관광객 사이에 인기를 끌면서 코타키나발루는 점점 처음 모습을 잃어갔습니다. 특히 생명력 넘치던 바다가 해마다 죽어갔습니다. 몇 걸음만 옮겨도 예쁜 산호와 귀여운 열대어들을 만날 수 있었던 바다는 언제부턴가 아무것도 없는 차가운 회색 바다로 변해버렸습니다. 너무 많은 관광객이 찾기 때문이었습니다. 코타키나발루를 진심으로 사랑하던 여행자로서 마음이 너무 아팠습니다. 하지만 제가 할 수 있는 게 없었습니다. 고작 도망자가 되는 게 전부였습니다. 코타키나발루의 경험은 코로나 상황과는 무관할 테지만, 왠지 닮은 점이 많은 듯합니다. 이번에는 랜선 제주 여행을 함께하시는 분들께 제주, 섬 속의 섬 이야기를 들려드리려고 합니다.

○ 우도

천혜(天惠)의 섬 제주, 그리고 제주에 부속된 섬 중에서 가장 크고 아름다운 우도를 볼 때마다 잊고 지내던 코타키나발루가 떠오릅니다. 우리가 사랑했던 제주의 여러 장소 가운데 우도만큼 이질적인 모습으로 변해버린 곳은 없기 때문입니다. 우도는 지금의 아내와 연애하던 2000년대 초반 처음 갔습니다. 소가 누워 있는 모양을 닮았다고 해서 우도는 일찍부터 소섬 또는 쉐섬으로 불렸습니다. 당시에는 예쁘고 근사한 카페나 레스토랑은 말할 것도 없고 허름한 식당조차 많지 않았습니다. 전국적으로 유행한 여행 열풍을 타고 우후죽순처럼 생겨난 펜션이라는 이름의 새로운 숙박 시설도 우도에서는 막 첫 삽을 뜨던 시기였습니다. 그때 우도는 자연 그대로를 닮았습니다. 허름한 식당에서 소박하게 나온 반찬들은 정갈하고 맛도 좋았습니다. 외할머니처럼, 엄마처럼 주인아주머니 인심도 넘쳐흘렀습니다. 구멍가게를 지나도, 기념품 가게를 지나도 우도 땅콩 한 줌씩을 손에 쥐여 주셨습니다. 화산섬인 우도는 농작물이 자라기 어려운 환경이라 아무 데서나 잘 자라는 땅콩을 심었습니다. 그 땅콩이 우도의 특급 관광 상품이 되었습니다. 당시에도 이미 시골 인심이 야박해졌다는 말이 흔했지만, 다행히 우도는 피해 갔습니다. 주머니가 가벼운 여행자도 편안하게 쉬었다 가는 쉼터 같은 섬이었습니다. 우도의 밤은 무서울 정도로 컴컴했습니다. 당연하죠, 아무것도 없었으니까요. 민박집을 조금만 벗어나도 정말 불빛 하나 보이지 않았습니다. 여자 친구(지금의 아내)와 밤마실 나왔다가 무심코 눈을 들어 밤하늘을 바라보았습니다. 밤하늘에 흰 설탕이 촘촘하게 박혀 있었습니다. 무수한 별들을 보고 저도 모르게 손을 뻗어 잡으려고 했습니다. 그때는 아마 순수했나 봅니다. 시골에서 나고 자랐지만, 그토록 많은 별은 처음 보았습니다. 여자 친구와 말없이 오래도록 밤하늘을 바라보았습니다. 두 손은 꼭 잡은 채로. 짙은 어둠이 두렵지 않았습니다. 어느 순간부터는 어디까지가 저고, 어디서부터 여자 친구인지 구별되지 않았습니다. 칠흑 같은 어둠에 물들어 섬 일부가 되었습니다. 평생 잊지 못할 몽환적인 경험이었습니다.

아이들이 태어난 이후에도 가끔 우도를 찾았습니다. 갈 때마다 우도가 조금씩 변해가는 걸 느꼈습니다. 더 많은 관광객이 찾아올수록 건물들이 하나둘 늘어났습니다. 자연과 닮은 섬 우도가 도시로 변해가고 있었습니다. 안타까웠습니다. 여행자를 위한 공간은 관광객을 위한 편의 시설로 채워졌습니다. 언제부턴가 우도 입도가 행복하지 않았습니다. 성산에서 바라보는 것으로 만족했습니다. 그러다 한 달 살이 중에 오랜만에 우도를 다시 찾았습니다. 유모차 타던 둘째가 5학년이 되었으니 시간의 벽을 훌쩍 뛰어넘었습니다. 그새 우도가 어떻게 변했을지 궁금했습니다. 우도의 자연은 그대로였습니다. 홍조단괴로 이루어진 서빈백사는 여전히 아름다웠고, 우도봉 남동쪽 해안절벽에 소의 콧구멍을 닮았다고 해서 검은 코꾸망이라 불리던 동안경굴과 그 앞 검은 해변이라는 뜻의 검멀레도 감탄사를 자아냈습니다. 아이들과 물놀이하기에 그만인 하고수동해변, 짓궂은 소나기가 쏟아지면 꼭 가야 하는 비와사폭포(엉또폭포처럼 비가 와야 볼 수 있는 해안

폭포)도 기억 속 그대로였습니다. 우도 절경은 그대로인데, 그곳은 우도가 아니었습니다. 정확히는 제 기억 속 우도는 이제 어디에도 없었습니다. 그 시절 우리가 사랑했던 우도의 여백들이 빈틈없이 채워졌습니다. 화려하고 예쁜 건물들도 많이 들어섰습니다. 일부 카페와 식당은 SNS에서 크게 화제가 되었습니다. 여전히 관광객의 발길이 끊이지 않는 섬이었습니다. 외부 차량의 반입을 제한하는 조치로 렌터카는 눈에 띄게 줄어들었지만, 전기 자전거와 미니 전기차가 정겨운 올레길을 가득 메웠습니다. 작은 섬에 사람도 물건도 너무 많았습니다. 편리함으로 가득 찬 공간이 되었지만, 역설적으로 우도는 가장 불편한 섬이 되어버렸습니다. 우도를 찾는 관광객들 얼굴이 조금도 행복해 보이지 않았습니다. 덥고 습한 날씨 탓에 착각했는지도 모릅니다만, 극심한 교통난과 과도한 경쟁, 눈살을 찌푸리게 만드는 상술로 관광객의 발길을 돌리게 한다는 사실은 이미 공공연한 비밀이 되어버렸습니다.

 우도가 걱정되었습니다. 우도도 좀 쉬면 좋겠다고 생각했습니다. 회색 건물에 둘러싸여 사는 우리가 자연과의 교감 능력을 잃어버리지 않았다면 아파서 신음하는 섬의 목소리를 들었을지도 모릅니다. 인간은 자연에서 위로받고 마음의 평안을 찾습니다. 여행은 자연의 일부인 우리 자신을 찾아가는 과정입니다. 그 과정이 진지하면서도 동시에 즐거우면 좋겠습니다. 우도를 찾는 여행객의 얼굴도, 그들을 맞이하는 주민들의 얼굴도 웃음으로 가득 차면 좋겠습니다. 자연과 공존하지 않으면 인간의 행복은 오래갈 수 없습니다. 우도와 우도 주민, 여행자까지 다 함께 행복할 수 있는 길을 모색해야 합니다. 조심스럽지만, 입도 인원 제한이든 사전 예약제든 대안을 마련해야 합니다. 우도를 사랑하는 여행자라면 기꺼이 동참하지 않을까요? 더 늦기 전에 함께 고민하면 좋겠습니다.

○ **비양도**

제주에 속해 사람이 거주하는 부속 섬은 모두 여덟 개입니다. 연간 200만 명 이상 찾는 우도에 비해 무척이나 한가로운 섬이 있습니다. 그 섬의 이름은 비양도입니다. 비양도(飛揚島)는 하늘을 날아온 섬이라는 전설을 가지고 있지만, 제주도처럼 바다에서 솟은 화산섬입니다. 금능해변에서 비양도를 바라보며 '섬멍'을 해보셨나요? '불멍', '하늘멍' 못지않게 한번 빠지면 헤어나오기 어렵습니다. 비양도는 얼핏 《어린 왕자》에 등장하는 코끼리를 먹은 보아뱀 그림처럼 보이기도 합니다. 중절모처럼 보이기도 하는데 가끔 진짜 구름 모자를 쓰기도 합니다. 바람 많은 제주에서 바람마저 쉬었다 가는 곳이 비양도입니다. 바다와 구름과 섬이 오묘하게 그려낸 자연의 그림을 보고 있으면 마치 시간이 정지한 듯합니다. 비양도는 한림항에서 배를 타고 들어갈 수 있습니다. 원형에 가까운 작은 섬이라 비양봉을 오르고 섬을 한 바퀴 다 둘러보는 데 세 시간이면 충분합니다. 금능해변에서 보면 봉우리 두 개가 보이는데 큰 봉우리 정상에 하얀 등대도 있습니다. 이 글을 읽는 독자분들께만 알려드리는 비밀인데 맑은 날 비양봉에서 보는 한라산이 그토록 아름다울 수 없습니다. 금능해변과 협재해변에서 손 내밀면 닿을 듯 가까이 있는 비양도는 관광객이 잘 찾지 않는 섬입니다. 덕분에 여전히 자연을 그대로 닮아 있습니다. 바쁜 일상과 사람에 치여 떠난 휴가지 제주에서 왜 많은 관광객이 몰리는 장소에 더 가고 싶어 하는지 궁금합니다.

비양도는 무료한 섬입니다. 한 시간이 넘도록 차 한 대 지나가지 않습니다. 지친 삶에 여백 같은 쉼표가 필요할 때면 비양도가 가끔 떠오릅니다. 오래전 그 우도를 닮았습니다. 자연을 닮은 비양도가 지금 모습 그대로를 유지하면서 우도로 몰리는 관광객을 분산시킬 수 있는 대안이 되어도 좋겠습니다. 물론 비양도 주민들이 먼저 동의해 주셔야 하겠지만요. 우도와 비양도 서로에게 좋은 일이라면 마다할 이유가 없을 테지요. 지구에도 좋고, 미래 세대에도 좋고, 현재를 사는 우리에게도 좋은 선택지가 있다면 누구나 그걸 선택할 것입니다. 그런 선택지가 없다면, 우리가 다음에 할 수 있는 선택은 무엇이 되어야 할까요? 자연이 코로나를 통해 전하려는 메시지와 우도가 저에게 들려준 목소리는 다른 듯 닮았습니다. 여러분 생각은 어떠세요?

**동백꽃에 스민 가슴 아픈 현대사**

코로나와 함께한 1년이 훌쩍 지나고 다시 봄이 찾아왔습니다. 마스크 쓰지 않던 삶이 언제였는지 까마득하게 느껴집니다. 봄이 오니 새싹이 돋고 꽃이 핍니다. 들에 산에 핀 꽃을 보느라 이 계절을 '봄'이라고 부르게 된 걸까요? 생명이 태동하는 봄이지만 사실 제주로서는 가장 아픈 계절입니다. 그렇습니다. 가슴 아픈 현대사, 제주 4·3 사건을 이야기해보려고 합니다. 랜선 제주 여행은 물리적으로 제주에 닿을 수 없는 여행객을 위로하기 위한 글이지만, 한 꼭지만큼은 제주인을 위해 비워두어야 한다고 생각했습니다. 그분들께도 공감과 위로가 필요합니다. 그날로부터 벌써 73년이 지났습니다. 고(故) 노무현 대통령이 현직 대통령으로는 처음 공식적으로 사과한 이래 문재인 대통령도 올해로 세 번째 희생자 추념식에 참석해 부당한 국가 권력에 의해 억울하게 희생당한 분들과 유족에게 위로를 전했습니다. 그동안에는 별도의 타이틀 없이 지낸 추념식이 올해 처음 '돔박꼿이 활짝 피엇수다(동백꽃이 활짝 피었습니다)'라는 이름으로 진행되었습니다. 동백꽃에는 제주 4·3 사건의 희생자를 추모하고 유족을 위로하는 의미가 담겨 있습니다.

제주 4·3 사건이 무엇이길래 대통령이 직접 나서 사과할까요? 왜 제주는 아픈 역사의 일부가 되었을까요? 제주 4·3 사건 진상 규명 및 희생자 명예 회복 위원회가 2003년 발행한 보고서를 살펴보면, "1947년 3월 1일 경찰의 발포 사건을 기점으로 하여, 경찰과 서청 탄압에 대한 저항과 단독 선거, 단독 정부 반대를 기치로 1948년 4월 3일 남로당 제주도당 무장대가 무장 봉기한 이래 1954년 9월 21일 한라산 금족 지역이 전면 개방될 때까지 제주도에서 발생한 무장대와 토벌대 간의 무력 충돌과 토벌대의 진압 과정에서 수많은 주민이 희생당한 사건이다"라고 설명되어 있습니다. 미 군정기에 발생해 대한민국 정부 수립 이후까지 7년에 걸쳐 지속된, 현대사에서 한국전쟁

다음으로 인명 피해가 컸던 비극적인 사건입니다. 이 사건으로 제주도민 약 2만 5천에서 3만여 명이 희생되었다고 추산됩니다. 이는 당시 제주 인구 9분의 1에 해당합니다. 희생자 33퍼센트가 어린이, 여성, 노약자라는 점은 제주 4·3 사건이 이념 대립을 넘어 민간인을 무참히 학살했던 부당한 국가 폭력이었음을 드러냅니다. 진압 과정에서 군인 180명, 경찰 140명도 전사했습니다. 국가라는 이름 아래 생명을 빼앗긴 이들도 역시 '국민'이었습니다. 누군가는 이를 숨기려 했고, 또 누군가는 이를 인정하고 공식으로 사과했습니다. 추리 소설에서 가장 흔한 공식은 '숨기려는 자가 범인이다'입니다.

제주 4·3 사건을 최초로 세상에 알린 현기영 작가의 소설《순이 삼촌》은 조천읍 북촌마을에서 실제 발생한 비극적인 사건을 배경으로 합니다. 이틀 만에 마을 주민 400여 명이 희생되었습니다. 제주 어디가 4·3이라는 태풍을 비껴갈 수 있었을까만은 이렇게 짧은 시간에 마을 주민이 집단 학살당한 경우는 드물다고 합니다. 게다가 당시 해안마을은 초토화 대상 지역이 아닌데도 토벌대 군인 두 명이 무장대에 살해되자 그 책임을 마을 주민에게 물어 집단 학살을 자행했습니다. 지금도 마을에서는 같은 날 제사를 지냅니다. "아, 한날한시에 이 집 저 집에서 터져 나오던 곡소리. 음력 섣달 열여드렛날, 낮에는 이곳저곳에서 추렴 돼지가 먹구슬나무에 목매달려 죽는 소리에 온 마을이 시끌짝했고 오백위 가까운 귀신들이 밥 먹으러 강신하는 한밤중이면 슬픈 곡성이 터졌다."《순이 삼촌》의 한 구절입니다만, 역사적 사실이자 오늘의 현실이기도 합니다. 제주의 아픔에 공감하는 건 인간으로서 마땅히 그래야 할 도리입니다.

   제주에 가면 반드시 맛보아야 할 향토 음식과 꼭 가봐야 할 아름다운 풍경의 관광지가 차고 넘칩니다. 아마도 많은 분이 나만의 여행 목록을 만들어 어디를 방문해야 할지 미리 계획을 세우리라 생각됩니다. 그 목록에 4·3 평화공원을 추가해보면 어떨까요? 즐기고 싶고 쉬고 싶은 휴가지에서 굳이 그곳에 가야 하냐고 반문하실지도 모르겠습니다. 맞습니다. 4·3 평화공원에 가지 않아도 제주인의 아픔을 공감하고 위로할 수 있습니다. 그러나 그곳에 가면 4·3 사건은 더 이상 '남의 일'이 아닌 게 됩니다. '우리 일'이 됩니다. 위령탑을 중심으로 끊임없이 늘어선 각명비(희생자의 성명, 성별, 당시 나이, 사망 일시 장소 등을 간결하게 기록한 비석)를 보면 말을 잃게 됩니다. 열 살 미만 아이들의 비석도 눈에 많이 보입니다. 대여섯 살 아이들이 과연 무슨 죄를 지었을까요? 인간이 인간에게 얼마나 잔인해질 수 있는지 몸서리쳐집니다. 깨어 있지 않으면 지금 당연하게 생각되는 가치들이 하루아침에 사라질 수 있습니다. 아이들이 있다면 꼭 함께 가야 합니다. 순수한 아이들은 어른들의 스승입니다. 장난꾸러기 아이들도 평화공원에 들어서면 자못 진지해집니다. 초롱초롱한 아이들 눈망울에 맺힌 가슴 아픈 역사의 순간들이 반복되지 않도록 만드는 일이 우리 어른들이 해야 할 몫입니다. 4·3 평화공원은 시간을 들여 찬찬히 둘러보면 좋겠습니다. 역사적 사실을 아는 것에 그치지 않고, 제주인들의 아픔을 공감하고 위로하는 것에 그치지 않고 상생과 화해로 나아가는 길을 함께 고민해보면 좋겠습니다. 아직 세상이 살아갈 만한 곳이라는 걸 보여주세요. 가슴속에만 담아두면 진심은 보이지 않습니다.

### 위로와 치유의 올레길을 걸으며

'걷기'는 유행을 넘어 하나의 문화로 자리매김했습니다. 전 세계인이 사랑하는 스포츠이자 마음과 몸을 다스리는 치료제입니다. 우리나라 또한 지방자치단체별로 걷기에 좋은 길을 발굴하고 조성하는 일이 유행처럼 번지기도 했습니다. 대한민국에 걷기 열풍을 일으킨 주역은 누구일까요? 한때 많은 셀럽이 걷기의 장점을 역설(力說)하며 걷는 즐거움을 몸소 보여주었습니다만, 벌써 십수 년 전에 걷기를 국민운동으로 만든 장본인이 있습니다. 바로 제주 올레길입니다. 올레는 제주 방언으로 좁은 골목을 뜻합니다. 통상 큰길에서 집의 대문까지 이어지는 길입니다. 평범한 시골 동네 길이 제주의 독특한 자연환경과 어우러져 탄생했습니다. 도시에 있는 복잡한 도로가 건물과 건물을 연결하는 기능에 집중한다면 제주 올레길은 사람과 사람을 연결합니다. 그곳에는 싱그러운 생명력이 넘치고 걷는 것만으로도 위로를 받습니다. 몸이 지쳐갈수록 마음이 치유되는 마법 같은 힘을 가졌습니다.

한때 '제주도에 갈 비용이면 조금 더 보태 해외여행 가는 게 낫다'라는 말이 유행할 정도로 제주 여행이 주춤했던 적이 있었습니다. 뜸해진 사람들의 발길을 다시 제주로 돌리게 한 것 중 하나가 올레길입니다. 2007년 9월 제1코스(시흥~광치기 올레)가 개발된 이래, 현재까지 총 21코스가 개발되었습니다. 부속 코스까지 헤아리면 총 26개로 425킬로미터에 달합니다. 제주의 해안 지역을 따라 골목길, 산길, 들길, 해안길, 오름 등을 연결했으며 제주 주변의 작은 섬을 걷는 코스까지 다양합니다. 제주 어딘가를 걷고 있다면 그 길이 올레길인 셈입니다. 이제부터는 걷기에 좋은 올레 코스와 오름을 소개해드려볼까 합니다. 가벼운 산책 코스도 있고 땀깨나 흘려야 하는 코스도 있습니다. 물론 어디를 걷든지 선택은 여러분의 자유입니다.

○ **올레 제7코스**

올레 코스를 다녀온 분들이 가장 많이 추천하는 코스는 해안길이 가장 아름답다는 제7코스입니다. 우리 가족도 이 길을 완주했습니다. 결론부터 말씀드리면 너무 아름답습니다. 걷는 내내 눈이 즐거울 만큼 볼거리도 다양하고, 특히 바닷가 해안길을 걷는 코스라 원 없이 바다를 볼 수 있습니다. 이때 처음 알았습니다. 바다는 다 같은 줄 알았는데 구간마다 느낌도 풍경도 모두 달랐습니다. 제7코스는 총 길이 17.6킬로미터에 대략 여섯 시간 30분쯤 걸립니다. 솔직히 한여름 뜨거운 햇볕을 온몸으로 맞으며 걷기에 호락호락하지만은 않았습니다. 우리 가족으로 말할 것 같으면 아이들이 다섯 살 때 직접 걸어서 설악산 울산바위를 등정했고 이후에도 여러 차례 올랐으며, 한라산 정상도 이미 두 차례나 등반한 산악인 가족입니다. 바닷가 산책로 정도는 별것 아니겠지 생각하고 나섰다가 정말 큰코다칠 뻔했습니다. 수영과 달리기로 단련한 강철 체력 아내도 발바닥에 엄청나게 큰 물집이 생겼고, 둘째 아이는 몇 번이나 길 한가운데 누워버렸습니다. 마지막 한 시간은 체력적으로도 힘들고 다소 지루함도 느껴졌습니다. 그래도 제7코스 도착 지점인 월평 아왜낭목 쉼터에서 '다음에 한 번 더'를 외치는 아내와 아이들을 보면서 두꺼운 허벅지가 헛되지 않았음을 깨달았습니다. 체력에 자신이 없다면 완주를 고집하기보다 외돌개 주차장에서 돔베낭길 주차장까지 일부 구간만 걸어보는 것도 좋습니다. 아쉬운 대로 제주 올레길의 아름답고 이색적인 풍광을 경험할 수 있습니다.

일부 해안길을 걷다 눈살이 찌푸려질 때가 종종 있었습니다. 각종 해양 쓰레기가 눈에 많이 띄었습니다. 철없는 일부 관광객들의 소행입니다. 플라스틱 음료수 용기, 화려한 색상의 과자 봉지, 검은 비닐봉지와 아이들 물놀이 도구까지 쓰레기 종류는 참으로 다양했습니다. 싫은 소리를 하지 않을 수 없습니다. 가져간 물건 그대로 가져오기만 해도 제주의 바닷가를 쓰레기 더미로 만들지 않을 텐데요. 유엔환경계획(UNEP) 보고서에 따르면 우리가 지금처럼 플라스틱에 의존한 삶을 계속 살 경우, 2050년 바다에는 물고기보다 플라스틱이 더 많아진다고 합니다. 바다는 지구 산소의 약 50퍼센트를 공급하는 중요한 보고(寶庫)이자 지구 온난화의 주범인 이산화탄소를 자연적으로 포집해주는 역할도 합니다. 게다가 우리나라를 포함해 많은 국가가 수산물을 주요한 식량 자원으로 활용합니다. 지구와 미래 세대를 위해서 바다를 깨끗하게 보존하는 게 얼마나 중요한지 아무리 강조해도 지나치지 않습니다. 굳이 미래 세대를 걱정하지 않더라도 이대로 방치하면 제주의 아름다운 에메랄드빛 바다를 더 이상 볼 수 없게 될지도 모릅니다. 배낭에 빈 생수통과 음료수병을 고스란히 담아 왔지만, 그것만으로는 왠지 충분하지 않았습니다.

우리가 지금 할 수 있는 일이 무엇인지 고민했습니다. 가장 먼저 '플라스틱 일회용품 사용하지 않기'를 떠올렸습니다. 배달 음식에 딸려오는 일회용 숟가락이나 포크를 사용하지 않고 텀블러 사용을 생활화합니다. 평소 에코백을 가지고 다니면 일회용 비닐 포장 사용을 최소화할 수 있습니다. 한 걸음 더 나가 대나무로 만든 빨대나 칫솔처럼 친환경 제품을 사용할 수 있습니다. 당장 플라스틱 사용을 멈출 수는 없지만, 이렇게 조금씩 줄여나가도 좋을 것 같습니다. 현재도 다른 나라에 비하면 꽤 높은 수준이지만, 쓰레기 분리배출도 더 꼼꼼하게 하면 자원 재활용을 통해 탄소 발생도 줄일 수 있습니다. '나 하나 바뀐다고 되겠어?'라고 생각할 수 있습니다. 우리는 미약한 촛불이 모여 얼마나 위대한 일을 해냈는지 경험했습니다. 더 늦기 전에 지구를 위한 행동에 나서야 합니다. 너무 샛길로 빠졌습니다만, 기후 위기나 환경 관련 문제는 워낙 중요해 멈추지 못했네요.

본론으로 돌아와서, 올레길은 하루를 온전히 내주어도 아깝지 않은 제주의 다채로운 비경을 보여줍니다. 차창 밖으로 스치듯 지나가는 제주도 너무 아름답지만, 오로지 자신의 다리에 의지한 채 한 걸음 한 걸음 걷다 보면 또 다른 제주의 매력과 만나게 됩니다. 흔하디

흔한 풀 한 포기, 이름 모를 들꽃과 파도가 들려주는 이야기에 귀를 기울여보세요. 그렇게 한참을 걷다 보면 일상에 지친 몸과 마음이 어느새 치유됩니다. 그것은 포기하지 않고 묵묵히 걸어온 이들에게만 올레길이 허락한 작은 선물입니다. 마법 같은 신비한 힘은 사실 처음부터 우리에게 속해 있었던 것입니다. 올레길은 그저 꽁꽁 닫힌 문을 살짝 열어주기만 한 것이죠. 몸도 마음도 지친 당신이 당장 제주의 올레길을 걸을 수 없다면 우선 동네 골목길을 걸어보는 것도 좋습니다. 여러분이 사는 동네에도 지금까지 몰랐던 비밀이 숨겨져 있을지도 모릅니다.

바닷길을 충분히 경험했으니 이제 시선을 돌려 산으로 가볼까요? 제주 하면 가장 먼저 떠오르는 이미지 중 하나가 한라산일 테지만, 제주에는 360여 개가 넘는 작은 화산, 즉 오름이 있습니다. 제주 방언으로 산 또는 봉우리를 뜻하는 말이 오름입니다. 제주의 여신 설문대 할망이 섬과 육지 사이에 다리를 놓으려고 치마폭에 흙을 담아 나를 때 치마 틈새로 떨어진 흙이 오름이 되었습니다. 물론 전설입니다. 지형학적으로 오름은 분석구입니다. 옛 제주인들은 이 오름에 터를 잡고 화전과 밭농사, 목축을 통해 고단한 삶을 억척스럽게 이어나갔습니다. 또한 오름은 제주 전통 가옥을 지을 때 지붕을 덮던 띠와 새를 구할 수 있는 곳이기도 했습니다. 이렇게 오름은 제주인의 삶과 분리해서 생각할 수 없는 곳이지만, 조금 색다른 오름을 소개하려고 합니다.

○ **사려니숲길**

첫 번째는 이름마저 예쁜 사려니숲길입니다. 오름을 이야기한다면서 왜 숲길을 꺼내는지 의아하실지도 모르겠습니다. 사려니숲길은 조천읍 교래리를 가로지르는 숲길로 '사려니오름'에 오르는 길입니다. 우리에게 사려니오름이 낯선 이유는 1년에 딱 한 번만 개방되기 때문입니다. 가고 싶다고 아무 때나 갈 수 없습니다. 자연 훼손을 최소화하려는 조치입니다. '사려니'라는 말의 어원은 분명하지 않지만, '신성한 숲'이라는 뜻이 담겨 있다고 합니다. 제주 방언인 '솔아니'에서 비롯되었다는 설인데, 솔아니가 바로 '숲 안'이라는 뜻입니다. 그저 숲의 안쪽을 말하는 게 아니고 사람이 함부로 접근하지 못하는 곳이라는 의미가 담겨 있습니다《제주. 오름. 기행》 참고). 옛 제주인들에게 사려니숲은 함부로 접근하기에 두려운 장소였나 봅니다. 숲길을 거닐다 보면 그 마음을 조금은 이해할 수 있을 것 같습니다. 빽빽한 삼나무 숲은 불과 십 수 미터만 떨어져 있어도 그 너머에 무엇이 있는지 보이지 않습니다. 물론 삼나무를 심은 건 수십 년 전이지만, 지금도 제주의 다른 지역에 비해 인적이 드문 이곳이 옛 제주인들에게는 두려움과 동시에 신성시되던 장소라는 게 어쩐지 이해됩니다. 사려니숲길을 걸어본 분이라면 격하게 공감하실 테지요.

사려니숲길에는 입구가 두 개 있습니다. 비자림로(1131도로) 입구가 하나, 남조로(1118도로) 옆에 있는 붉은오름 입구가 다른 하나입니다. 탐방객들은 비자림로 입구부터 물찻오름 입구까지 가는 코스와 붉은오름 입구에서 물찻오름 입구까지 가는 코스를 즐겨 찾습니다. 두 코스 모두 편도로 한 시간 30분 정도 소요됩니다. 비자림로 입구를 이용하려면 절물휴양림 근처 주차장에 차를 세우고 사려니숲길 입구까지 걸어서 이동해야 합니다. 붉은오름 입구에는 주차장이 마련되어 있어 조금 더 편리하지만, 이 일대가 관광지로 개발되면서 도로를 넓히고 주차 공간을 확보하기 위해 자연을 많이 훼손해 지역 주민과 제주를 아끼는 많은 사람의 마음을 안타깝게 했습니다. 개발과 보호라는 양립하기 어려운 두 과제의 균형점을 찾는 것이 우리 세대의 숙명임을 새삼 깨닫습니다. 몇 년 전부터 명성을 얻기 시작한 사려니숲길도 언제나 많은 관광객으로 북적입니다. 하지만 숲길을 따라 붉은 송이(화산석 알갱이)를 밟으며 걷다 보면 어느새 주위에서 탐방객을 찾아보기 힘듭니다. 입구에서 사진 몇 장 찍고 떠나는 관광객이 대부분입니다. 정작 몸과 마음을 치유해주는 숲길을 걷지 않는다는 사실이 참으로 안타깝습니다. 한적한 숲길이지만 자동차가 지나다녀도 될 만큼 길이 잘 정비되어 있습니다. 아장아장 걷는 아이들도 충분히 함께 걸을 수 있습니다. 보슬보슬 가랑비가 내릴 때 사려니숲길을 걷는 것도 꽤 운치 있습니다. 길바닥에 깔린 화산 송이 덕분에 밟을 때마다 사각사각 소리가 재미있습니다. 빗물을 타고 진동하는 숲 내음은 또 어떻고요. 너무 좋아 현기증이 날 정도입니다. 게다가 운이 좋으면 사려니숲의 귀여운 요정을 만날 수도 있습니다. 아이들에게 이보다 더 멋진 경험이 있을까요? 여행 뒤에 남는 건 사진이라지만, 사려니숲길만큼은 꼭 한번 걸어보시기를 권합니다. 몸도 마음도 이보다 더 상쾌해질 수 없습니다.

제주도는 유네스코에서 생물권보전지역, 세계자연유산, 세계 지질공원으로 지정한 섬입니다. 인류가 보존해야 할 중요한 문화 및 자연유산으로서 가치를 세계가 인정한 셈입니다. 제주에 갈 때마다 천혜의 아름다운 섬과 곳곳에 스민 역사적·문화적 가치를 오래도록 보존해야 한다고 생각했습니다. 더도 말고 덜도 말고 지금 모습 그대로 온전히 다음 세대에 전할 수 있으면 좋겠습니다. 지극히 뭇사람의 욕망이 투영된 바람이라는 걸 알고 있습니다. 개발을 통해 제주가 발전하고 지역 주민들에게 경제적 이익이 돌아가는 것이 절대 나쁜 일은 아니니까요. 그저 돌이킬 수 없을 정도로 너무 멀리 가지 않았으면 좋겠습니다. 유네스코 세계자연유산이란 훼손되면 다른 어떤 것으로 대체할 수 없고, 인류 전체를 위해 공동으로 보존하고 관리해야 할 탁월한 보편적 가치를 지닌 유형의 유산을 말합니다. 제주도는 '제주 화산섬과 용암동굴'이라는 이름으로 등재되었습니다. 제주도 전체가 인류를 위해 보존해야 할 보물섬인 셈입니다.

○ 세계자연유산센터

두 번째로 만나볼 오름이 유네스코 세계자연유산과 기막힌 인연이 있습니다. 바로 '거문오름'입니다. 제주 여행을 할 만큼 해서 안 가본 곳은 더러 있어도 모르는 곳은 없다고 자부했는데, 그런 제게도 거문오름은 매우 생소한 이름이었습니다. 한 달살이를 시작하면 한 달음에 달려가리라 마음먹었습니다. 웬걸요? 사전 예약 절차가 있었습니다. 예약한 사람에게만 탐방이 허락되었습니다. 탐방 인원도 통제하고 탐방 시에는 해설사와 동행해야 했습니다. '얼마나 대단하길 래 이렇게 복잡해?' 이런 마음이 없었다면 거짓말입니다. 귀찮은데 가지 말까 하다가 도대체 뭐가 있길래 그런가 싶어 마음을 다잡고 예약했습니다. 얄궂은 비가 내리던 어느 여름날이었습니다.

  비옷을 챙겨 거문오름 탐방로가 있는 세계자연유산센터로 향했습니다. 비 오는 날씨에도 제법 많은 사람이 모였습니다. 유치원 아이부터 일흔이 넘는 어르신까지 연령대도 다양했습니다. 탐방은 정해진 시간에 해설사와 함께 출발합니다. 개인적인 탐방은 금지됩니다. 출발하고 약 30분가량이 오르막길 코스로 가장 힘듭니다. 이후부터는 분화구로 내려가는 코스라 체력적으로는 조금도 힘들지 않았습니다. 주요 지점마다 해박한 지식을 갖춘 해설사가 재미있는 이야기보따리를 풀어놓았습니다. 솔직히 큰 기대하지 않았는데 색다른 경험이었습니다. 사전에 나름대로 관련 책도 읽고 인터넷도 검색해보았지만, 역시 해설사의 생생한 이야기를 따라갈 수 없었습니다. 특히 거문오름이 세계자연유산으로 지정되는 과정을 소개하는 대목에서는 마치 한 편의 영화를 보는 듯했습니다. 유네스코 실사단이 도착하기 직전 2005년 11월, 구좌읍 월정리에서 전신주 교체 작업 중 땅이 꺼지는 사고가 발생했습니다. 이때 뚫린 구멍 아래서 태초부터 숨어 있던 거대한 동굴 지대가 발견되었습니다. 이곳이 '용천동굴'로, 용암동굴이 석회암 동굴의 특성까지 가지고 있어 세계적으로 찾아보기 힘든 지질학적 가치를 지녔습니다. 실사단은 입구에서 겨우 몇 미터만 들어가고도 그 가치를 인정했는데, 사람 손을 타지 않은 용천동굴을 그대로 보존하는 것이 좋다고 판단했기 때문입니다. 세계가 인정한 가치를 지닌 용천동굴을 비롯해 이 일대의 화산 동굴을 낳은 모체가 바로 거문오름입니다. 거문오름 탐방 절차가 까다롭고 개인 탐방이 왜 금지될 수밖에 없는지 설명을 듣고 나니 이해할 수 있었습니다.

  탐방로는 약 5.5킬로미터로 두 시간 30분 정도 소요됩니다. 이후 약 한 시간 정도 능선을 걷는 코스는 탐방객이 자유롭게 선택할 수 있습니다. 거문오름의 참모습은 굼부리(분화구)를 내려가면서 시작됩니다. 태초의 원시림으로 시간 여행을 떠납니다. 현재까지 파악된 바로는 약 300여 종의 식물이 거문오름 원시림의 생태계를 이루고 있습니다. 굼부리 일대는 화산 활동 중 분출한 용암류가 만들어낸 불규칙한 암괴 지대로 숲과 덤불 등이 다양한 식생을 이루는 곶자왈 지역입니다. 1년 내내 기후가 일정해 아열대, 난대, 온대 기후의 식물이 공존하는 특징을 가진 지역입니다. 원시 화산 활동으로 발생한 화산탄(용암의 거품 덩이가 공중에서 굳어져 땅에 떨어진 것)이 종종 눈에 띄기도 합니다. 거문오름에도 아픈 역사가 스며 있습니다. 원시림으로 무성하게 덮여 있었기에 일본이 태평양전쟁 때 군사 시설로 만든 갱도 진지, 병참 도로도 대부분 그대로 보존되어 있습니다. 이미 패전을 예상했던 일본이 최후의 순간까지 얼마나 발악했는지 제주 곳곳에 팬 상처들로 짐작할 수 있습니다. 탐방 제일 마지막 구간에는 깊이 35미터 규모의 수직 동굴이 있습니다. 까마득한 높이에 아찔한 기분을 느껴보고 싶다면 빠뜨리지 말고 둘러봐야 합니다. 단, 심장이 약한 분께는 추천하지 않습니다.

탐방을 다 마치는 순간까지 비는 그치지 않았지만, 거문오름 탐방은 기대 이상이었습니다. 사람의 손길이 닿지 않은 거문오름은 당장 숲의 정령이 눈앞에 나타나도 이상할 것 같지 않은 신비함으로 가득했습니다. 역사와 전설을 양념으로 곁들인 해설사의 설명도 만족스러웠습니다. 거문오름에서 인간과 자연이 공존하는 방법에 대해 힌트를 얻었다면 너무 뻔한 결말일까요? 우리는 자연이 조건 없이 내어주는 혜택으로 눈부신 성장을 거두었습니다. 인류는 그 어느 때보다 풍요로운 삶을 삽니다. 하지만 여전히 기아와 질병에 허덕이는 사람들이 많습니다. 이제 가장 불행한 사람들이 행복해질 차례입니다. 그러기 위해서는 지구에 더 많은 걸 부탁해야 합니다. 지구가 언제까지, 얼마나 더 내어줄지는 아무도 모릅니다. 지구를 위한 행동은 사실 우리 자신을 위한 행동입니다. 언제나 따뜻한 가슴으로 품어주는 지구가 그걸 모를 리 없습니다. 어쩌면 그 단순한 사실을 우리만 모르나 봅니다.

### 보통 입맛이 자주 찾는 제주 식당

아내는 음식에 대한 나름의 확고한 철학이 있습니다. 가격을 떠나 '맛있는' 음식을 먹는 것이 몸에 대한 예의라고 믿습니다. 음식 맛이 가격과 어떤 상관관계를 갖는지 지난 20년 치 《네이처》지와 《사이언스》지 논문 기록을 살펴보았습니다. 아직 발표된 논문이 없는 것으로 미루어 짐작하건대 양자역학 다음으로 어려운 연구인가 봅니다.

대체로 값비싼 음식이 맛도 좋다는 통설을 부정하기는 힘듭니다. 주머니 사정이 넉넉하지 않은 보통의 사람들은 그런 통설을 시원하게 깨주는 식당을 발견하는 데 희열을 느끼곤 합니다. 아내가 맛있다고 평가하는 음식은 대부분 우리 가족 입맛에도 맞습니다. 자유를 포기하고 얻은 행복한 결혼 생활 덕분에 미각을 잃은 저는 음식이 맛있는지를 냉정하게 따져 물을 때는 아이들에게 의견을 묻습니다. 아내가 공들여 만든 음식에도, 저는 절대 하지 못하는, 고개를 절레절레 흔드는 소신이 있으니 어떤 압력에도 굴하지 않고 솔직히 평합니다. 그래도 입맛은 주관적인 영역이라 이 글에서 맛집 소개를 하는 건 바람직하지 않다고 생각했습니다. 다만 한 달살이를 포함해 지난 10여 년 동안 제주 여행 중에 보통 입맛 우리 가족이 자주 들렀던 식당은 소개하려고 합니다. 명색이 제주 여행기인데 음식 이야기가 빠지면 조금 섭섭할 테니까요.

○ **고기국수의 맛을 일깨워준 삼대국수**

삼대국수는 제주에 갈 때면 항상 가장 먼저 들르는 식당입니다. 보통 아침밥을 거르고 출발하기 때문에 제주공항에 도착하면 딱 출출해지는 시간입니다. 공항에서 가깝기도 하고 가족 모두 고기국수를 무척 좋아하기에 묻지도 따지지도 않고 삼대국수로 향합니다. 처음에는 이미 정평이 난 자매국수나 올레국수를 찾았습니다. 두 곳은 언제 가도 대기 줄이 길어 배고픔을 참지 못하는 아이들에게 기다리라고 할 수 없었습니다. 가까운 고기국숫집을 찾아 우연히 들른 식당이 삼대국수였습니다. 사실 다른 식당에서 몇 차례 고기국수를 먹어본 경험이 있었으나 딱히 그 매력을 알지 못했습니다. 그런데 유독 이곳은 우리 가족 입맛을 사로잡았습니다. 고기국수의 참맛을 깨닫게 해주었다고 할까요? 국수라면 자다가도 벌떡 일어나는 둘째 아이는 말할 것도 없고 국수에 진심인 첫째 아이도 무척 좋아했습니다. 사골육수 맛이 진하게 우러난 국물과 큼직하게 썰어 넣은 돼지(돔베)고기는 무척 쫄깃했습니다. 입안 한가득 머금은 면발이 진한 국물과 어우러져 감동을 선사했습니다. 처음 이곳에 갔을 때는 두 아이 모두 유모차 신세를 졌습니다. 그런 아이들이 자라 고기국수에 매콤한 비빔국수까지 한 그릇 뚝딱 해치웁니다. 삼대국수에서 든든하게 배를 채워야 비로소 제주에 도착했다는 기분이 듭니다. 이곳은 언제나 제주 여행의 '시작'이 되어주었습니다.

○ **제주 흑돼지 생등갈비를 좋아한다면 태을갈비**

여행이나 출장으로 제주를 자주 찾는 저에게 가끔 맛집을 소개해달라는 분들이 있습니다. 한 치의 망설임도 없이 추천하는 곳이 제주산 흑돼지구이 식당, 태을갈비입니다. 지금까지 한 번도 실패하지 않았습니다. 음식에 진심인 아내가 제주에서 가장 사랑하는 식당이기도 합니다. 현지인이 즐겨 찾는 식당이라 주택가 근처에 있어 찾기는 쉽지 않습니다. 태을갈비는 생등갈비가 유명합니다. 저렴한 가격은 아니지만, 돈이 아깝지 않은 맛입니다. 여러 식당에서 생등갈비를 먹었지만, 이곳과 견줄 만한 곳은 아직 찾지 못했습니다. 다 같은 고기인데 왜 어느 식당만 유독 맛있고, 어느 식당은 그렇지 않은지는 영원히 풀리지 않는 수수께끼입니다. 소금만 뿌려 먹기에 마법 소스(양념)가 능력을 발휘할 여지도 없습니다. 제주 유명 식당들이 좁은 골목길 허름한 건물에서 시작해 3~4층짜리 신축 건물을 지어 옮겨 간 과정을 지켜보았습니다. 더 많은 관광객을 유치할수록 음식 맛과 질이 떨어지는 건 피할 수 없었습니다. 가끔 옛 생각이 나 그런 식당들을 찾긴 하지만 후회하며 나오기 일쑤입니다. 태을갈비도 원래 있던 자리에 번듯한 건물을 지었습니다. 황홀한 맛은 여전해 참 다행입니다. 이곳만큼은 오래도록 본연의 맛을 잃지 않았으면 좋겠습니다.

○ **분식의 품격을 높인 관덕정분식**

동문시장 골목 어귀에 있는 작은 서점인 미래책방을 찾다가 우연히 발견한 관덕정분식은 품격 높은 분식의 세계를 경험할 수 있는 곳입니다. 분식 골목이던 동문시장 끝자락에 자리해 있는데 분식집이라고 하기에는 지나치게 세련된 실내 공간이 시선을 잡아끕니다. 주차장까지 마련되어 있습니다. '분식집이 뭐 이렇게까지 우아할 필요가 있나?' 싶었지만, 음식을 맛보니 '한 곳쯤 있어도 좋겠네'로 생각이 바뀌었습니다. 제주 로컬 수제 맥주도 만날 수 있습니다. 가격은 분식집치고는 비싼데 싶다가도 이런 시설이면 괜찮다고 생각하게 됩니다. 맛있으면 감내할 수 있는 정도입니다. 모든 메뉴가 골고루 맛있지만, 우리 가족의 입맛을 사로잡은 건 한치 튀김입니다. 바삭한 한치 튀김은 느끼하지 않고 고소했습니다. 한치 특유의 부드러운 식감도 일품이었고요. 매력적인 맛에 취해 무려 세 번이나 주문해 먹었습니다. 최근에는 제주 분식의 상징인 '모닥치기'도 등장했는데 아직 맛보지 못했습니다. 어떤 맛일지 궁금합니다. 관덕정분식에 들러 품격 있는 분식으로 허기를 달랬다면 근처에 있는 미래책방에서 지적 목마름도 해소하시길 권해봅니다. 고양이가 참 순하고 예쁘답니다.

○ 안 먹어본 사람은 있어도 한 번만 먹어본 사람은 없는 우진해장국

우진해장국은 가족 여행에서는 들르지 않는 식당입니다. 제주로 출장 온 다음 날마다 무슨 일이 있어도 들르는 곳이라 예외적으로 소개해볼까 합니다. 우진해장국은 현지인들에게 너무나 유명한 식당입니다. 줄을 서야 먹을 수 있는데 아침부터 그렇습니다. 제주 고사리 유명한 것은 말할 필요도 없을 테지요? 부드러운 식감과 고소한 맛으로 유명해 다른 지역 고사리에 비해 비싼 편입니다. 우진해장국은 돼지고기 육수에 고사리나물을 다져 넣고 메밀가루를 풀어 넣어서 걸쭉하게 끓인 육개장입니다. 처음 본 사람은 '이게 뭐야?' 놀랄 수 있습니다. 일단 한 숟가락 뜨기 시작하면 멈출 수 없는 맛입니다. 전날 거나하게 취할 수 있는 이유 중 8할은 이곳에서 제주만의 특별한 육개장으로 해장하고 싶기 때문입니다.

○ 세상에서 가장 맛있는 두루치기와 만나는 용이식당

첫째 아이가 만 두 돌이 되기 직전, 처음 제주로 가족 여행을 왔습니다. 두 돌 전 아이는 항공료가 무료였기에 이를 적극적으로 활용했

습니다. 그때 우연히 들른 허름한 식당이 용이식당입니다. 첫인상은 다소 지저분한 시장 안 식당이었습니다. 메뉴는 제주산 돼지고기 두루치기 하나였는데 그 맛이 정말 끝내줬습니다. 이 가격에 이 맛이? 안 그래도 큰 아내 눈이 휘둥그레졌습니다. 저는 정신없이 먹느라 말을 잇지 못했습니다. 아직 아기였던 첫째 아이가 먹기에는 무척 매웠는데 주인 할머니께서 예쁜 아기가 왔다고 맛있는 반찬을 따로 챙겨주셨습니다. 맛에 반하고 인심에 반해 자주 들렀습니다. 한 달살이하면서 오랜만에 다시 찾은 용이식당은 훨씬 큰 건물로 옮겼지만, 여전히 친절하고 인심도 후했습니다. 맛은 말할 것도 없었고요. 수십 년간 본래의 맛을 유지하는 몇 안 되는 귀한 식당입니다. 우리 가족은 네 명이라 4인분을 주문했더니 아이 둘이 있으니 3인분만 주문해도 충분하다고 합니다. 돼지고기에 파무침, 콩나물과 김치를 함께 넣고 직접 볶아 먹는데 3인분이 모자라지 않았습니다. 게다가 밥과 반찬은 얼마든지 제공됩니다. 고기가 조금 남으면 김 가루와 참기름을 넣고 볶음밥으로 마무리합니다. 맛도 끝판왕, 가성비도 끝판왕입니다. 여전히 메뉴는 두루치기 하나밖에 없고 주류나 음료도 팔지 않습니다. 근처 슈퍼에서 사 와도 눈치 주지 않습니다. 일하는 분들까지 너무 친절한 용이식당의 오랜 인기 비결은 이곳을 방문하는 사람이라면 누구나 아는 비밀입니다. 세상에서 가장 맛있는 두루치기가 궁금하다면 용이식당만 한 곳이 없음은 분명합니다.

○ 인생 된장찌개와 만난 소랑밥상

위미항 근처 작은 식당에서 인생 된장찌개를 만나게 되리라고는 상상하지 못했습니다. 아내가 한 곳 점찍어둔 식당이 있었는데 가는 날이 장날이라고 마침 문을 닫았습니다. 풀이 죽어 돌아서는데 맞은편에 작고 아담한 식당이 눈에 들어왔습니다. 몇 번의 우연이 씨줄과 날줄처럼 엮여 소랑밥상을 만났습니다. 현세에서 옷깃만 스치는 인연으로 만나려고 해도 전생에 몇 겁의 인연을 쌓아야 한답니다. 소랑밥상과는 어떤 인연이 있어 만났을까요?

이곳에서 맛본 딱새우 된장찌개는 할머니 품을 닮았습니다. 투박하지만 정겨운 냄새가 좋았습니다. 마음씨 좋은 주인아주머니가 맛의 비결은 천연 조미료라고 했는데, 그것이 전부는 아닌 듯했습니다. 따님이 이곳에서 매일 점심을 드신다니 자식 입에 들어가는 음식을 만드는 마음이 진짜 비법이 아닐까 싶었습니다. 딱새우 껍질 벗기는 비법까지 알려주시며 꼭 먹어보라고 권하셨는데 사실 이전까지 된장찌개에 들어간 새우는 국물 우려내는 용도라고 여겼기에 애써 먹지 않았습니다. 그런데 이곳의 딱새우는 속살이 매우 부드럽고 고소한 맛이 일품이었습니다. 가격도 착해 정식을 주문하면 흑돼지구이와 딱새우 된장찌개가 함께 나옵니다. 예쁜 그릇에 소담하게 담긴 찬들은 하나같이 정갈하고 맛도 일품이었습니다. 찬도 너무 맛있어 동날 때까지 먹었습니다. 소랑밥상은 제주에서 모처럼 발견의 기쁨을 선사한 식당입니다.

○ 짬뽕과 피자 조합이 미스터리인 섬소나이

섬소나이는 한 달살이를 시작한 첫날 집 근처를 산책하다 본 식당이었습니다. 독특하게도 메뉴가 짬뽕과 피자였습니다. 왠지 어울리지 않는 조합이라 고개를 갸우뚱했습니다. 게다가 개성 넘치고 맛 좋은 향토 음식이 차고 넘치는 제주에서 딱히 먹고 싶은 음식은 아니었습니다. 하루에도 몇 번씩 그 앞을 지나쳤는데 한 번도 들어가보리라는 마음을 품지 않았습니다. 위미항에서 비를 맞으며 바다낚시를 한 날이었습니다. 한여름인데도 으슬으슬해서 따끈한 국물이 간절했습니다. 텔레파시가 통했는지 아내와 동시에 섬소나이 식당을 바라보았습니다. 아이들은 피자라는 말에 환호성부터 질렀습니다. 메뉴는 짬뽕 세 종류, 피자 두 종류로 단순했습니다. 개운하고 시원한 맑은 짬뽕인 땡짬, 우도 땅콩이 들어간 매콤 담백한 크림 짬뽕인 백짬, 피자는 소섬과 되새기를 주문했습니다. 피자는 맛있었지만 특별하지는 않았습니다. 그러나 짬뽕은 달랐습니다. 섬소나이는 짬뽕의 새 장을 연 식당이었습니다. 어디에서도 맛보지 못한 독특한 국물이 일품이었습니다. 특히 백짬 국물 늪에서 헤어나올 수 없었습니다. 얼핏 보면 크림 파스타 같은데 느끼하지 않고 담백한 맛에 무척 놀랐습니다. 끝내주는 국물 덕분에 태어나 처음으로 짬뽕 국물을 한 방울도 남기지 않고 비웠습니다. 매운맛은 맛이 아니라 고통이라 믿었기에 어린 시절 한 번도 짬뽕을 먹고 싶다고 생각한 적이 없었습니다. 무엇보다 어린아이가 어떻게 짜장면의 달콤함에 굴복하지 않을 수 있었겠습니까? 짜장면을 배신한 적 없던 저는 이날 이후 짬뽕으로 노선을 변경

했습니다. 짬뽕과 피자의 조화가 여전히 미스터리로 남아 있지만, 국물만큼은 최고의 맛을 자랑하는 식당입니다.

○ 모닥치기 끝판왕 짱구분식

아내가 가장 좋아하는 음식은 떡볶이입니다. 결혼기념일에도 아이들을 재우고 종종 떡볶이와 와인으로 조촐한 둘만의 파티를 했습니다. 늘 맛있는 음식을 갈망하는 아내에게 떡볶이는 끝없이 탐구해야 할 미지의 세계입니다. 그런 아내가 제주에 머무르는 동안 떡볶이를 먹지 못해 금단 현상이 왔습니다. 아직 관덕정분식을 발견하기 전이었습니다. 아무리 밥을 많이 먹어도 채워지지 않는 빈자리가 있다나요?

맛있는 떡볶이 제공이 시급했습니다. 제주에 사는 회사 동료에게 전화해 물어보았더니 깜짝 놀라더군요. 뭍에서 온 관광객이 제주 향토 음식 맛집을 물어보는 경우는 많아도 떡볶이 맛집을 물어본 경우는 제가 처음이랍니다. 후배가 수소문 끝에 소개해준 식당이 짱구분식이었습니다. 너무 허름하고 평범해 이번에는 제가 놀랐습니다. 조금 실망스러웠습니다. 떡볶이를 보기 전까지는요. 평범한 떡볶이가 아니었습니다. 여러 차례 제주에 왔지만 '모닥치기'라는 음식은 처음 만났습니다. 모닥치기는 여러 개를 한 접시에 모아준다는 뜻인데 국물 자작한 떡볶이에 튀김, 달걀, 어묵과 김밥이 큰 접시에 담겨 나옵니다. 맛의 비결은 튀긴 떡으로 만든 떡볶이였습니다. 쫄깃함과 고소함이 동시에 느껴졌습니다. 평소 떡볶이는 입에도 대지 않던 둘째 아이 젓가락이 제일 바빴습니다. 정말 푸짐하게 한 접시 가득 나와 '이걸 어떻게 다 먹지?' 했는데 눈 깜짝할 사이 비우고 한 접시 더 주문했습니다. 떡볶이에 진심인 아내도 말없이 엄지손가락을 치켜세웠습니다. 떡볶이를 좋아하지 않는다면 굳이 제주까지 가서 떡볶이를 먹을 필요는 없습니다. 그러나 떡볶이를 좋아하는 분이라면 기꺼이 도전해볼 만한 식당입니다.

○ **겉바속촉 돈가스의 진수 까망고띠**

골목식당에서 화제가 된 돈가스집 '연돈'이 제주로 이전했습니다. 전날부터 줄을 서야 했습니다. (지금은 앱으로 예약합니다.) 텐트까지 설치해 기다리는 사람들도 종종 눈에 띄었습니다. 그 맛이 미치도록 궁금했지만 그렇게까지 할 자신은 없었습니다. 줄 서서 음식을 먹는 나름의 기준은 1시간 정도가 최대치였습니다. 그 이상은 아무리 맛있는 음식을 먹는다고 해도 고역이었습니다. 계속 그렇게 기다려야 한다면 이번 생에 연돈 돈가스 맛보기는 어렵겠습니다.

다행히 우리 가족도 좋아하는 돈가스 식당이 있습니다. 거문오름과 가까운 까망고띠입니다. 까망고띠는 마을기업으로 거문오름 주위에 '블랙푸드' 육성을 위해 운영되는 식당 중 한 곳입니다. 카페 겸 식당으로 운영하는데 공간을 넓게 활용해 세련된 실내 장식에 편안함까지 더했습니다. 중요한 돈가스 맛은? 훌륭합니다. 제주 흑돼지뿐만 아니라 모든 음식 재료를 로컬에서 나고 자라는 것만 사용합니다. 돈가스는 두툼하면서도 무척 부드러웠습니다. 재료도 훌륭하지만 튀기는 기술이 예사롭지 않은 듯했습니다. 겉은 바삭하고 속에는 육즙이 흘렀습니다. 아직 '겉바속촉'이라는 말이 등장하기 전이었는데 저도 모르게 그 말이 툭 튀어나왔습니다. 까다로운 입맛의 아내가 지금까지 먹어본 돈가스 중에서 가장 맛있다고 극찬했습니다. 칭찬에 인색한 아내가 그런 말을 하다니 저도 아이들도 놀랐습니다. 커다란 창 너머로 귤나무가 보이는 공간이 예쁜 까망고띠는 중산간 지역에 위치해 작정하고 찾아가야 합니다. 거문오름과 가까이에 있으니 탐방 후 들러봐도 좋겠습니다.

언제부턴가 낯선 지역에서 식당에 가려면 인터넷부터 검색합니다. 지인이 그 지역에 살아도 매번 물어보기 민망합니다. 블로그에 소개된 맛집들은 대부분 일정 수준 이상이라 실패할 가능성이 적긴 합니다만, 그건 타인의 취향입니다. 다른 사람의 입맛을 따라가다 보면 정말 내가 좋아하는 게 무엇인지 발견할 수 없습니다. 20년을 마케터로 일하면서 수많은 소비자 조사를 진행했고 거기서 발견한 공통점은 '소비자도 소비자를 잘 모른다'였습니다. 내가 진짜 좋아하는 게 무엇인지 알고 싶다면 여행지에서만큼은 낯선 풍경에 스며들어보세요. 여행의 묘미 중 하나가 미지와의 조우일 테니까요. 우연히 들른 포구 옆 작은 식당에서 세상에서 가장 맛있는 된장찌개를 마주치게 될 행운을 포기하지 않았으면 합니다.

### 긴 터널을 지났는데 다시 제자리로

어두컴컴한 긴 터널을 지나는데 저 끝에 불빛이 보이는 듯했습니다. 너무 반가워 힘껏 달렸습니다. 잘못 보았나 봅니다. 끝이 아니라 처음으로 돌아왔습니다. 마치 뫼비우스의 띠 위를 달리는 기분입니다. 코로나 확진자가 하루 1천 명을 훨씬 웃돕니다. 수도권은 사회적 거리 두기 4단계라는 강력한 방역 지침이 시행되었습니다. 제주 지역도 3단계로 격상했습니다. 백신 접종률이 증가하면서 안정세로 접어들더니 강력한 변이 바이러스가 발목을 잡습니다. '이제 할 만큼 했잖아' 하는 느슨해진 마음도 한몫했을지 모르겠습니다. 이대로라면 랜선 제주 여행을 20편이 아니라 100편쯤 써야 할지도 모르겠습니다. 언제 끝날지 모르는 싸움이라 힘에 부칩니다. '그래, 나 하나쯤 괜찮겠지'라는 포기하고 싶은 마음이 하루에 열두 번도 더 생깁니다. 둘째 아이가 마침 맹장염에 걸려 수술을 받게 되었습니다. 어수선한 병원 상황은 어른들 말로 전쟁통 난리는 난리도 아니었습니다. 그 혼돈의 공간에서도 방역 지침은 철저하게 지켜진다는 게 신기할 따름이었습니다. 병원에서 반나절을 보내니 흐트러진 마음이 저절로 다잡아졌습니다. 그저 조금 불편할 뿐이고 이 불편함은 모두에게 공평했으니까요. 무게가 3킬로그램이나 나가는 레벨 D 보호구를 착용하고 중증 환자를 돌보는 의료진도 아니고, 생계를 위협받는 자영업자도 아니며, 비대면 시대라 늘어난 택배 물량으로 열두 시간 일하는 택배 노동자도 아닌데 견디지 못할 것도 없겠다 싶었습니다. 그분들의 고통에 비하면 제 고통은 한없이 가벼울 테니까요. 지난 1년간 제주로 꾼 꿈을 글로 썼듯이 또 앞으로 1년은 새로운 꿈을 찾아 글로 써보려 합니다. 그 글이 누군가에게 닿아 작은 위로라도 된다면 더할 나위 없겠습니다.

  우리 인간은 이 별에서 가장 지혜로운 존재입니다. 언제나 그랬듯이 이번 팬데믹도 슬기롭게 극복하리라 믿습니다. 비싼 수업료를 냈으니 수업이 끝났을 때 빈손으로 돌아설 수는 없습니다. 그럼 너무 억울할 것 같습니다. 낯선 바이러스에 대한 수준 높은 지식도 좋겠습니다만, 코로나 이후 새로운 시대를 살아갈 수 있는 지혜를 얻을 수 있으면 좋겠습니다. 코로나의 역설. 인간의 행동이 멈춘 만큼 자연이 되돌아왔습니다. 인간은 수많은 다른 생명체들과 함께 지구에서 공존해야 합니다. 화성이 좋은 대안이 될 수 있지만, 그 멀고 먼 곳까지 가고 싶지 않습니다. 저는 지구가 참 좋습니다. 미래 세대도 우리처럼 지구에서 행복하게 살 수 있기를 바랍니다. 지난 한 세기 동안 인류는 기적이라고 불릴 만큼 눈부신 성장을 이뤘습니다. 피라미드 꼭짓점에서 승자의 여유와 안락함을 마음껏 누렸습니다. 하지만 코로나처럼 작은 바이러스 하나만으로도 균형은 깨지기 쉽고 그 피해는 눈덩이처럼 불어 고스란히 인간에게 되돌아온다는 것을 이제 깨달았습니다. 자연이 인간을 지켜보고 있습니다. 우리가 대답할 차례입니다.

# 늙은 고양이와 아이스 라떼

○ 미오 ○

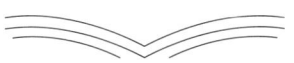

재택근무 이틀째, 내 늙은 고양이는 기분이 좋다.

어찌 된 영문인지 집사가 이틀째 집에 있다. 늘 아침에 일어나기 바쁘게 집을 나섰는데 웬일인지 이틀째 나가지 않는다. 늙은 고양이는 궁금했지만 한편으론 또 좋은 게 좋은 거지 싶었다. 나이가 들면서 호기심도 사라졌다. 심장이 약해진 탓이다. …아니야. 삶에 풀리지 않는 자잘한 궁금증에 익숙해진 탓이다. 그래, 호기심이 사라진 게 아니라 난 더 현명해진 거야. 늙은 고양이는 만족스러운 듯 앞발을 핥았다.

재택근무 이틀째, 집 밖에 나가지 않으니 잡생각이 많아졌다.

습관적으로 일찍 일어난 아침부터 하는 일이라곤 고양이 생각을 읽어보는 것이다. 아니, 고양이 생각을 추측하는 것이다. 저 털이 복슬복슬한 작은 머릿속에서 무슨 일이 일어나고 있는지 짐작조차 하지 못할 것이다.

코로나19로 세상이 멈췄다지만 지난주까지는 내 생활엔 큰 변화가 없었다. 늘 평일 아침이면 붐비는 지하철에 몸을 싣고 회사에 가고, 점심 먹기 전까지 농땡이를 피우다 오후에 일을 하고, 회사 앞 카페에서 아이스 라떼를 마셨다. 일주일에 세 번은 2,500원짜리 그냥 라떼를 마셨고 일주일 두 번은 3,800원짜리 코코넛 라떼를 마셨다.

코로나는 대수로운 일이 아니었다. 처음에 코로나 바이러스가 퍼지기 시작했을 때 여러 유언비어들이 돌고 돌았지만, 결국 내려진 결론은 한국에 좀비 바이러스가 퍼진다 해도 K-직장인들은 출근할 것이라는 우스갯소리였다.

코로나가 두렵지 않은 것이 아니다. 다른 것을 신경 쓰기엔 당장 내 앞에 일들은 계속됐고, 내 생활에서 마스크 외에 변화는 없었으며, 나는 멈출 틈이 없었다. 계속해서 쳇바퀴를 돌렸다. 쳇바퀴가 멈추면 어떤 일이 일어날지, 어떻게 해야 할지 아무것도 몰랐기 때문에 계속해서 뛰었다.

하지만 코로나가 빠르게 번지자 회사에서 갑자기 재택근무를 실시했다. 일단 시범적으로 일주일만 진행해보기로 했다.

어제 첫 재택근무를 할 때만 해도 집에서 일이 될까 싶었지만, 아주 잘됐다. 아침에 일어나 안 먹던 아침밥까지 챙겨 먹고 점심 먹기 전까지 하루치 작업량을 모두 끝냈다. 그리고 어제의 어색함이 무색하게 이틀째인 오늘 아주 잘 적응했다. 오늘도 아침을 먹고 오전에 하루치 작업량을 다 끝낸 후 점심을 느긋하게 먹는다. 먹은 그릇을 설거지하고 나니 할 것이 없다. 멈춤. 그래, 멈춤이다. 코로나19 멈춤에 드디어 나도 동참하는구나. 하지만 너무 지루했다. 자원해서 더 일을 할 생각은 없었다. 업무량이 늘어난다고 내 월급이 늘어나진 않을 테니까.

그렇다 보니 남은 이 시간을 어떻게 써야 할지 모르겠다. 직장인이 된 이후로 노는 법을 까먹은 것 같다. 새삼 재미없는 어른이 된 것 같아서 우울하다.

언제부터였을까, 남은 시간조차 제대로 쓰지 못하는 밍밍한 어른이 된 것이? 얼음이 다 녹아버린 라떼 같았다. 라떼는 라떼인데 얼음이 녹아버려 이도 저도 아닌 밍밍한 맛. 딱 그게 지금의 나다. 새삼 우울하다. 고양이를 바라봤다.

고양이는 열심히 제 앞발을 핥는다. 발바닥을 쫙 펴서 발가락 사이사이도 열심히 핥는다. 앞 발바닥에 침을 묻혀 얼굴을 닦는다. 혓바닥으로 아주 정성껏, 세세하게 털을 고른다. 마치 의식과도 같은 경건함이 느껴지는 털 고르기다.

내 늙은 고양이는 한때 어린 고양이였다. 털을 고르기보다는 집 구석구석을 탐험하고 새로운 물건을 탐색하는 데에 온 시간을 보냈다. 고양이가 가장 좋아하는 물건은 내 방 가장 구석에 놓인 피아노였는데, 늘 아침에 눈을 뜨면 아직 자고 있는 나를 한번 핥고는 피아노에 올라가 발톱을 긁었다. 이유는 모르겠지만 늘 비슷한 시간에 같은 자리에서 발톱을 긁었다. 그러다 보니 피아노 뚜껑에는 고양이 발톱 자국이 새겨졌다. 작은 생채기 같았던 발톱 자국은 이젠 제법 굵고 깊어졌다. 그사이에 어린 고양이는 늙은 고양이가 되었고, 튼튼했던 심장은 더 이상 튼튼하지 않다. 매일 하루 두 번, 열두 시간 간격으로 약을 먹어야 하고 더 이상 피아노 뚜껑보다 더 높은 곳에 올라

가지 않았다. 더 이상 호기심도 없고, 늙은 고양이의 생활에 그렇다 할 굴곡이 없다. 늘 잔잔함뿐이다.

　고양이가 늙어가는 동안 나도 나이가 들어갔다. 고양이가 어린 고양이일 때 나 역시 어린 편에 속한 인간이었기 때문에 삶은 단순했고, 고양이처럼 생각도, 호기심도 많았다. 하지만 나이가 들면서 생각한 것 이상으로 삶이 복잡하다는 것을 알게 되었고 나는 단순해지려 끝없이 노력했다. 억지로 단순해진 나의 삶은 지루하고 어제와 오늘이 다르지 않듯이 오늘과 내일이 같을 것을 알기에 기대하는 바도, 설레는 바도 없었다. 아무것도 없었다. 특히, 대학을 졸업하고 전공과 다른 삶의 방향을 선택하면서 더욱 그랬던 것 같다. 하지만 그렇지 않다고, 남들도 다 나와 같다고 스스로를 위로하고 합리화했다.

　어렸을 때 읽은 《여우와 신 포도》라는 책이 생각난다. 여우는 결국 포도를 먹지 못했다. 여우의 짧은 다리로는 아무리 뻗어도 포도에 닿지 않았다. 여우는 '저 포도는 분명 실 거야'라며 자기 위안을 했다. 어렸을 땐 여우가 비겁하다고 생각했지만, 이제는 여우를 비난할 수 없다.

　그래서 나는 삶에 기대감을 억지로 만들기 시작했다. 뭐라도 삶의 즐거움을 찾으려 애썼다. 일주일에 두 번, 특별한 날이 껴 있으면 일주일에 세 번까지도 사 먹는 회사 앞 카페의 코코넛 커피, 매주 월수금 업로드되는 유튜브 채널, 주말 드라마. 하루하루 기대되는 일을 만들었다. 그렇게 해서 종종 느껴지는 삶의 공허함과 내 우울감을 꾹꾹 눌러놓았다. 아무도 볼 수 없게, 나조차도 알아차릴 수 없게 꾹꾹 눌러 담아놨다. 하지만 그 틈에 빈 공간이 생기면 울컥울컥 슬픔이 올라왔다. 그럴 때면 다시 유튜브를 켜고, 인스타를 보고, 게임을 했다. 아무 생각을 하지 않으려 노력했다. 생각이 많아지면 의문이 생겼고, 답을 찾으려 하면 삶의 공허함과 두려움이 몰려왔다.

그런데 재택근무를 시작하면서 드라마도, 인스타그램도 지겨워졌다. 아무리 해도 시간이 가질 않는 것이다. 갑자기 늘어난 잉여 시간에 어쩔 줄 몰랐다. 우울했다. 아니, 우울하다.

고양이를 다시 쳐다봤다. 아직도 털 고르기 중이다. 고양이가 부러웠다. 저렇게 집중해서 뭔가를 열심히 하는 모습이 괜히 부러웠다.

이렇게는 안 되겠다 싶었다. '바깥공기라도 쐬어야지. 집에만 있으니 쓸데없는 생각만 느는 거야.'

대충 옷을 챙겨 입고 화장대에 놓인 선크림을 보고 아주 잠깐 망설이다가 이내 캡 모자를 눌러쓰고 방문을 나섰다.

"엄마, 잠깐 나갔다 올게요."

엄마가 주방에서 머리를 빼꼼 내밀었다.

"아니, 어딜 가? 일하는 거 아녔어?"

"집에만 있으니까 집중도 안 되고, 커피나 좀 마시고 오게."

"무슨 커피를 일하다 말고 나가서까지 마셔. 그냥 엄마가 타줄게."

"아니야. 집 커피랑 같아? 하여튼 나갈게요."

신발을 신고 문을 열었다. 그러다 문득 생각나 이내 다시 현관으로 들어와 엄마에게 물었다.

"엄마도 나랑 커피 마실래?"

"그러지 뭐. 기다려봐."

당연히 거절할 줄 알았는데 돌아오는 대답이 예상과 달라 조금 놀랐다. 엄마가 금방 준비를 마치고 신발을 신었다.

"뭐 해? 안 나가?"

"어? 어. 가자."

엄마와 나란히 집을 나섰다.

"엄마가 아는 데 있어. 거기로 가자."

엄마가 아는 집이 있다는 것에 두 번 놀랐다. 아니, 엄마가 커피를 카페에서 사 먹는다는 사실에 놀랐다. 엄마도 카페를 가는구나. 몰랐던 사실이다.

엄마를 따라간 카페 입구에는 '사회적 거리 두기 2.5단계로 인해 모든 음료는 포장만 됩니다'라는 안내 문구가 적혀 있었다.

"엄마, 커피 사서 집으로 바로 갈까?"

"날도 좋은데 커피 사서 안양천에서 잠깐 마시다가 가자."

고개를 끄덕이며 카페 안으로 들어갔다. 출근길에 늘 지나던 카페인데 들어가본 적은 이번이 처음이었다. 외관과 달리 내부 인테리어는 좀 촌스러웠다.

"어서 오세요. 저희 커피 포장만 되시는데 괜찮으세요?"

"아, 네. 저는 아이스 라떼 주시고요, 엄마는?"

"저는 아메리카노요. 따뜻하게."

"아이스 라떼 한 잔, 따뜻한 아메리카노 한 잔, 8,500원입니다. 카드는 앞쪽에 꽂아주세요."

계산을 하고 커피를 기다렸다. 곧 커피 두 잔이 나오고 하나씩 나눠 들고 카페를 나섰다. 한낮의 동네는 고요했다. 엄마와 단둘이 이렇게 커피를 들고 걷자니 뭔가 신기하면서도 어색했다. 곧 안양천에 도착하고 구석진 곳 벤치에 자리를 잡았다.

"딸, 잘 마실게."

"응. 그런데 날 더운데 따뜻한 거 안 덥겠어?"

"엄마는 따뜻한 커피만 마시잖아."

몰랐던 사실이다. 그러고 보니 엄마가 무슨 커피를 마시는지, 커피 취향은 어떤지 전혀 모르고 있었다. 엄마와 나란히 커피를 마셨던 게 언제였더라? 그런 적이 있었는지조차 모르겠다. 친구들과는 만날 때마다 마시던 커피를 엄마하고는 마셔본 적이 없었다. 괜히 어색해서 말을 걸어보았다.

"뜨거운 커피는 먹기 힘들잖아."

"아냐, 먹다 보면 어느 순간 먹기 좋은 온도로 딱 맞춰진다."

나는 가만히 고개를 끄덕였다.

"인생도 그래."

엄마가 말을 이었다.

"뭐가?"

"그냥, 그렇다고."

엄마가 빙긋 웃는다.

"너 회사 일은 어때?"

"응, 그냥 그저 그렇지. 할 만해."

"피아노는 다시 안 쳐? 집에 있을 때 좀 치고 그래."

피아노라. 마지막으로 쳐본 게 언제더라. 졸업 연주 이후로 쳐본 적이 없는 것 같다.

길고 긴 재수 생활을 끝내고 음대에 입학했을 때만 해도 나는 내가 계속해서 피아노를 칠 줄 알았다. 비록 원하던 대학은 아니었지만 그래도 여기서 열심히 해서 대학원도 가고 유학도 가야지. 그땐 계획이 다 있었다. 그땐 꿈이 있었다. 평범한 직장인이 될 거라는 꿈은 아니었다.

"엄마는 너 피아노 칠 때 좋았다. 그냥 네가 뭔가를 하고 있을 때가 좋았던 거 같아."

뭐라고 대꾸하고 싶었지만 입이 열리지 않는다. 괜히 컵홀더를 만지작거린다. 컵 표면에 맺힌 물방울 때문에 종이로 만든 컵홀더가 우글쭈글해졌다. 얼음이 녹은 아이스 라떼는 우유 위로 얇은 물층이 생겼다. 내 주저함이 들킨 것 같아 빨대로 빠르게 휘저었다. 커피를 한 모금 마셨다. 밍밍하다. 아이스 아메리카노를 시킬걸. 얼음이 녹아도 아닌 척, 얼렁뚱땅 숨길 수 있으니까.

"엄마, 지금도 난 회사도 다니고 나름 열심히 살고 있어."

근데 엄마, 꼭 열심히 살아야 해? 엄마, 사실 난 아무것도 열심히 하고 싶지 않아. 속엣말을 꿀꺽 삼켰다. 맛이 없어서 잘 마셔지지 않던 라떼를 한 모금 더 마셨다.

내 인생의 대부분을 피아노를 쳤고, 대학 생활 4년 내내 피아노만

쳤다. 그 4년 동안 늘 마음 졸이며 연습했다. 뒤처지지 않으려고. 실망시키지 않으려고. 잘하고 싶어서. 하지만 한편으로는 이런 내 노력을 감췄다. '내일 기말 실기인데 연습을 하나도 안 했어.' '악보도 안 외웠어.' 게으름으로 재능 없음을 감췄다. 연습실에서 보낸 내 시간을 부정했다. 내 노력과 마음을 내 스스로 부정했다. 동기들과 나 사이에 느껴지는 실력의 간극이 부끄러워서 열심히 숨겼다. 그리고 그 부끄러움이 부끄러워 견딜 수가 없었다.

그러다 문득 내가 지쳤다는 걸 깨달았다. 내가 하고 싶어서 한 음악인데 더 이상 즐겁지 않았다. 누가 등 떠밀어 한 음악이 아닌데 부담스러웠다. 비싼 레슨비와 학비에 마음이 무거웠고, 연습하지 않은 시간들이 죄책감 되어 돌아왔다. 내 노력을 들킬까 봐, 알고는 있지만 재능이 없다는 말을 들을까 봐 무서웠다. 늘 부끄러움과 죄책감이 묘하게 뒤섞인 기분으로 4년을 지냈다. 계속해서 마음을 졸이다 결국 말라버렸다.

대학 졸업 후 대학원이 아닌 일반 회사에 들어가기로 했을 때, 모두들 내게 괜찮냐고 물었다. 아깝지 않냐고. 아깝지 않았다. 하지만 아깝노라 대답했다.

생각보다 회사에 빠르게 적응했다. 일은 어렵지 않았고, 사람들은 무난했다. 하지만 사람들의 전공이 뭐냐 질문에는 그저 어색하게 웃었다. 재차 물어봐서 "피아노요"라고 하면, "우와, 피아니스트네요? 나중에 한번 들려줘요"라는 반응이 돌아왔다. 나는 다시 어색하게 웃어 보였다. 내 웃음이 사람들한테도 어색하게 보일까 봐 걱정됐다.

내가 좋아해서 했던 음악이 계속해서 날 부끄럽게 만들었다. 난 솔직할 수 없었다.

피아노를 시작했을 때, 단 한 번도 직장인이 될 거라고 생각하지 않았다. 그렇다고 지금의 생활에 만족하지 않는 것도 아니었다. 좀 더 솔직히 말하자면 지금에 생활이 너무 좋다. 적당히 일을 하고, 적당히 농땡이도 피우고, 월급을 받으면 내가 좋아하는 라떼도 사 먹고. 쉬운 일인 만큼 적은 월급이지만, 열심히 하지 않아도 돼서 너무 좋아. 하지만 한 번도 그렇게 말하지 않았다.

나는 단 한 번이라도 내게 솔직한 적 있었을까. 내가 원하는 바, 내가 느끼는 감정을 단 한 번이라도 온전히 느껴본 적 있었을까. 이 모든 물음에 내 대답을 찾기보다 변명을 찾기 급급했다. 내 주저함에 항상 때를 놓쳤다. 늘 얼음이 녹기 전에 커피를 마시지 못했기에 가장 맛있는 온도를 찾지 못했다.

4학년 마지막 기말 실기를 끝냈을 때 눈물이 터져 나왔다. 왜 눈물이 흘렀는지 기억이 나질 않는다. 이 시험을 마지막으로 다신 피아노를 치지 않을 거라는 것을 알았기 때문일까. 무슨 심정이었을까. 지금도 그 이유를 알지 못한다. 그리고 정말 그 후로 나는 단 한 번도 피아노를 치지 않았다. 피아노를 생각하면 늘 마음이 울렁거렸다. 꾹꾹 눌러서 감췄던 뭔가가 스멀스멀 기어오르는 기분이 들었다.

계속해서 마음 한쪽이 허전하고 불편하다. 목에 가시가 걸린 것처럼 간지럽다. 잔기침이 나올 것만 같았다. 다시 한 모금 라떼를 마셨다. 얼음이 다 녹은 라떼는 맛이 없었다. 목은 여전히 간지럽다.

"그만 갈까? 너 다 마신 거니?"

엄마가 물었다. 한낮 뜨거운 햇볕에 얼음이 다 녹아 형체도 남지 않았다. 라떼 위로 아까 휘저어 감춰놨던 물층이 다시 생겼다.

"응. 얼음이 다 녹아서 맛이 없네. 버리지 뭐."

터벅터벅 집으로 돌아간다. 햇볕이 강해 눈이 찌푸려졌다. 발걸음을 멈췄다. 아까부터 목구멍이 계속 간지럽고 답답했다. 마스크 껴서 그런지 숨쉬기가 더 갑갑했다. 캑캑거리다가 목구멍 밖으로 말이 튀어나왔다.

"엄마, 사실 난 열심히 살고 싶지 않아요."

엄마가 뒤돌아봤다. 강한 볕에 엄마 표정이 잘 보이지 않는다.

"그럼 그러지 마."

예상하지 못한 무심한 대답에 찌푸려진 내 눈이 커졌다.

"그러면?"

"대충 살아. 재밌게."

말문이 막혔다.

"하… 하지만 다들 열심히 살잖아."

"누가? 다 대충 살아. 엄마도 그래."

엄마가 옆으로 왔다. 엄마를 바라봤다. 더 가까이 다가가서 엄마를 자세히 바라봤다. 깊게 팬 눈가 주름 사이 솜털이 햇빛을 받아 반짝였다. 황금빛 솜털들이 마치 가을 들판 같기도 했다.

"이제 갈까?"

엄마가 물었다.

"응."

더 이상 목이 간지럽지 않다.

집에 돌아와 커피를 싱크대 배수구에 흘려버렸다. 몇 모금 마시지 못해 아깝긴 했지만 그냥 버렸다. 그리고 방으로 돌아와 피아노 의자 앞에 앉았다. 피아노 위에 고양이가 길게 누워 있다. 누워 있는 고양이 가슴에 가만히 얼굴을 댔다. 심장이 파닥파닥 빨리도 뛴다. 얇고 긴 털이 뺨을 간지럽힌다. 따뜻한 감촉에 왠지 기분이 좋다. 내 머리가 무거운지 고양이가 벌떡 일어나 짜증스레 울더니 바닥으로 내려갔다. 그리고 느릿느릿한 걸음으로 방문을 나선다.

고양이가 앉았던 피아노 뚜껑에 손을 올려보았다. 따뜻한 온기가 느껴졌다.

언젠가 언니가 좋아하는 일이 직업이 되면 괴롭다고 했다. 어렸을 땐 그 말의 의미를 알지 못했다. 하지만 좋아하던 피아노가 전공이 되자 그 말의 의미를 깨달았다.

좋아서 쳤던 피아노를 대학을 가기 위해 치기 시작하자 내 연주는 점수가 되었다. 남들보다 더 잘해야 했고, 좋아하는 곡이 아닌 점수 받기 좋은 곡들을 쳤다. 내가 원하는 대로가 아닌 교수님이 원하는 대로 피아노를 쳤다.

대학교 위클리 시간만 되면 배가 아팠다. 사람들 앞에서 연주할 생각을 하면 가슴이 두근거렸다. 연주 전 긴장감이 더 이상 설레지 않았다. 고통이었다. 연주가 끝나면 늘 변명거리를 찾아 거짓말을 늘어놓았다. 내 노력과 내 최선을 부정했다. 사실 그 연주는 내 최선이었다.

잠시 망설이다 피아노 뚜껑을 열어보았다. 그리고 피아노를 눌러보았다. 조율되지 않은 피아노가 웅웅거리는 굉음을 냈다. 심호흡을 했다. 손끝에 땀이 몰린다. 졸업 연주곡을 살짝 쳐봤다. 기억이 날까 싶었는데 놀랍게도 손이 건반 위치를 정확히 기억했다. 단숨에 1악장을 쳤다.

근 2년 만에 피아노를 친 것이다. 생각보다 잘 친 것 같아서 뿌듯했다. 그리고 생각보다 별일이 아니었다. 2년의 주저함이 무색하게 아무 일도 아니었다. 이 연주에 대해 변명할 필요도, 감출 필요도 없었다. 나는 처음으로 온전히 나로서 피아노를 쳤다.

드디어 알맞은 온도를 찾은 것이다. 엄마 말대로 가장 적당한 온도를.

피아노를 치는데 무슨 변명과 이유가 필요했을까. 치고 싶으니까 치는 것인데. 내가 원하면 하는 것이다. 내가 좋으면 좋은 것이다. 시기 바랐던 포도는 시지 않았다.

내친김에 피아노 구석에 붙어 있는 스티커에 적힌 전화번호로 전화를 걸었다.

"상지 조율사죠? 네, 안녕하세요. 그쵸, 오랜만이에요. 조율 좀 예약하려고요. 네, 내일 당장이요. 2시 괜찮습니다. 그럼 내일 뵐게요."

전화를 마치고 피아노 뚜껑을 닫았다. 고양이처럼 심장이 파닥파닥 빨리 뛴다. 머릿속도 빠르게 움직였다.

내일은 다시 졸업 연주곡을 쳐볼 것이다. 사실 내가 원해서 고른 곡은 아니었지만 괜찮다.

뭐, 나는 늘 라흐마니노프를 좋아했으니까. 오늘은 1악장을 쳤으니 내일은 2악장까지 쳐봐야지. 내가 원하는 대로 마음껏.

시간을 보니 6시 5분이 됐다. 책상으로 돌아가 오전에 끝낸 업무를 정리해서 메일로 발송했다. 6시 9분. 회사 메신저를 켰다.

'퇴근하겠습니다. 모두 수고 많으셨습니다.'

노트북을 닫고 방문을 활짝 열고 나왔다.

"저 퇴근했습니다!"

✦ ✦ ✦

재택근무 사흘째, 내 늙은 고양이는 기분이 좋지 않다.

어찌 된 영문인지 집사가 사흘 내내 집에 있다. 게다가 오늘은 아침에 일어나기 바쁘게 피아노 뚜껑을 열어놓는 통에 발톱도 못 긁었다. 늙은 고양이는 기분이 사나워져 꼬리를 땅에 탁탁 내리쳤다. 하지만 집사는 아랑곳없이 콧노래까지 흥얼거리며 퍽 기분 좋은 티를 낸다.

결국 베란다에 나가 둥근 스크래처에 발톱을 긁었다. 성에 차지 않는다. 어떻게 보복을 할까 고민했지만 만사가 귀찮은 탓에 그냥 넘어가기로 한다. …아니지, 더 현명하고 너그럽고 어른인 내가 봐주는 거지. 그래, 귀찮은 게 아니라 난 더 너그러운 거야. 늙은 고양이는 만족스러운 듯 앞발을 핥았다.

　재택근무 사흘째, 집 밖에 나가지 않으니 잡생각이 많아졌다. 습관적으로 일찍 일어난 아침부터 하는 일이라곤 고양이 생각을 읽어보는 것이다. 아니, 고양이 생각을 추측하는 것이다. 저 털이 복슬복슬한 작은 머릿속에서 무슨 일이 일어나고 있는지는 짐작조차 하지 못할 것이다.

　이제는 제법 재택근무에 익숙해졌다. 아침에 일어나 고양이를 바라보고, 아침을 먹었다. 9시가 되기 전에 회사 메신저에 접속해 출근 도장을 찍었다. 오후에 예정된 피아노 조율과 연습 일정을 생각해보니 오전에 일을 다 끝내야 한다. 그리고 점심시간에는 살짝 나가서 아이스 라떼 한잔 마셔볼까? 머릿속 가득 생각을 채운다. 비어 있는 틈 사이로 무언가 흐른다.

　멈추니 비로소 흐르기 시작했다.

# 아빠로, 아들로, 남편으로
# 코로나19 시대 살아가기

○ 최기현 ○

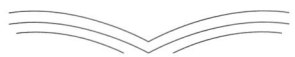

나는 아홉 살 딸과 일곱 살 아들을 둔 평범한 직장인이다. 가족들이 나를 부르는 이름은 다양하다. 아이들은 아빠라고 부르고, 어머니는 아들이라고 부른다. 아내는 나를 남편이라고 부른다. 나는 호칭만큼이나 해야 하는 역할이 있다. 아빠로서 아이들을 잘 양육해야 하고, 아들로서 어머니에게 효도해야 한다. 코로나19 이전에도 호칭에 따라 요구되는 역할은 여전히 있었다. 코로나19가 그것을 없앤 것은 아니다. 조금 생소하게도 처음 경험하는 것들이 생겨났다. 아빠로, 아들로, 남편으로 그리고 나 자신으로 코로나19 시대를 살아가는 한 사람의 이야기를 지금부터 시작하려고 한다.

**아빠로 코로나19 시대 살아가기, 온라인 수업은 어려워**

"집에 할머니, 할아버지만 있는 집은 수업을 어떻게 하라고! 도대체 뭘 하자는 건지 모르겠네!!"
딸의 온라인 수업을 도와주던 장인어른이 버럭 화를 내셨다. 일흔이 넘은 어르신에게 온라인 수업은 아무래도 버거운 일이다. 장인어른이 버럭 내지르신 소리는 음소거가 되지 않은 상태에서 줌(Zoom)을 통해 수업에 참여한 선생님과 학생들에게 그대로 전해졌다. 선생님은 당황했고, 학생들은 웅성거렸다. 초등학교 1학년 온라인 수업 시간에 있었던 진풍경이다.

　작년에 초등학교 1학년이 된 딸은 2020년 2월까지만 해도 학교 갈 날을 손꼽아 기다렸다. 우리 집은 학교 정문에서 100미터도 떨어져 있지 않을 만큼 매우 가깝다. 딸은 학교 정문을 드나드는 언니, 오빠들을 보며 등교할 날만 기다렸다. 하지만 기대와는 달리 코로나19로 등교는 전면 중지되었다. 많은 사람이 모이는 것을 금지했기 때문에 딸은 유치원 졸업식도 하지 못한 채 친구들과 헤어졌다. 유치원에서 4년간 같은 반 친구로 친하게 지냈던 윤슬이는 경기도 이천으로 이사를 갈 예정이었다. 갑자기 유치원 등원을 못 하게 되고 졸업식마저 열리지 않아, 딸은 세상에서 가장 친한 친구와 인사도 못 하고 생이별을 경험해야 했다. 올해는 유치원이든 학교든 온라인 입학식을 하지만 작년 1학년들은 이것조차 누리지 못했다. 국가도 처음 겪는 일이고, 부모도, 자녀들도 모두 처음 겪는 일이었다. 딸은 2학년이 되어서야 1학년을 위해 운동장에 준비한 입학식 포토라인에서 입학식 사진을 찍으며 아쉬움을 달랬다.

　아들 역시 사정은 크게 다르지 않았다. 그 좋아하던 유치원을 가지도 못했다. 코로나19가 걱정되어 밖에서 놀지 못하니 집에 있는 시간만 늘어났다. 도서관이나 박물관, 미술관 등 체험학습을 할 수 있는 곳은 아예 문을 닫아버렸다. 갈 곳이 없으니 아들은 집에서 줄곧 TV만 봤다. 부모로서 답답한 노릇이 아닐 수 없었다.

그 와중에 아들은 대상포진에 걸렸다. 집에만 있어서 면역력이 떨어져 그런 것 같았다. 오른손 손가락에 좁쌀만 한 수포가 몇 개 보이더니 시간이 지날수록 커졌고, 손가락에만 한정되었던 물집이 나중에 팔을 타고 올라가는 지경에 이르렀다. 증상이 심해지자 피부과에 데리고 갔다. 대상포진이라는 말에 심장이 쿵 떨어지는 느낌이었다. 치료법은 따로 없고 연고 바르고 충분히 쉬어줘야 한다고 했다. 한동안 유치원에 등원하지 못하다가 코로나19가 조금 잠잠해지면서 이제 유치원에 나가려던 차에 대상포진에 걸렸다. 일주일이 지나도 차도가 많이 없었다. 인터넷에서 어린이 대상포진 치료 후기를 찾아보았는데 의사가 연고를 잘못 처방해준 것 같았다. 약 3주의 시간이 지나서야 다행히 아들의 팔은 완전히 나았다.

아들은 나를 닮아 왼손잡이다. 글씨도 왼손으로 쓰고 젓가락질도 왼손으로 한다. 무조건 오른손잡이여야 한다는 생각은 아니다. 다만 우리말의 특성상 글씨만큼은 오른손으로 쓰게 하고 싶었다. 대상포진을 앓기 전에는 오른손으로 글쓰기를 꾸준히 연습했는데, 습관이 다 잡히기도 전에 대상포진 때문에 오른손을 쓰지 못하게 되었다. 그동안의 연습이 물거품이 되었다.

EBS 방송이 학교 교육을 대신했다. 그런데 아이들이 오전에 세 시간 동안 EBS 방송을 보면서 공부하는 것은 집중력의 한계가 있었다. 딸은 그림 그리는 열정 하나만큼은 우주 최고다. 대신에 그림 그리는 것 외에 다른 것에는 크게 관심이 없다. 특히 공부에 관해 집중력이 좋지 못하다. EBS 방송은 매일 시청하지만 학습 효율이 떨어졌다. 일반적인 온라인 강의가 그렇듯 딸은 수업에 집중하지 못해서 시간만 때우는 느낌이었다.

특히 수학이 문제였다. 선행학습을 시키지 않은 것이 문제인가 싶었다. 기본적인 덧셈, 뺄셈 연산도 손가락을 사용하면서 느리게 계산하는 딸을 보며 속이 많이 상했다. 화도 내보고 달래기도 했지만 진전이 없었다. 학교를 갔으면 그나마 진도를 따라가기라도 할 텐데 학교에 가지 못하면서 다른 친구들에 비해 학력 격차가 많이 나는 것 같았다. 부모로서 초등학생을 키우는 건 우리도 처음이었기에 코로나19가 원망스럽기까지 했다.

재작년 여름, 익산에 사시던 장인어른, 장모님과 살림을 합쳤다. 우리가 맞벌이 부부인 탓에 직장을 다니며 딸과 아들을 키우기가 쉽지 않았다. 딸이 5학년이 될 때까지 두 분이 우리와 함께 사시면서 아이들을 봐주시기로 했다. 처음에는 아이들이 유치원에 가면, 두 분은 오후까지 소일거리로 시간을 보내셨다. 코로나19 이후 아이들이 온종일 집에 있었다. 아이들의 넘치는 에너지를 감당하느라 두 분은 점점 지쳐가셨다. 코로나19 사정이 조금 나아지면서 학교 돌봄 교실을 기대했으나 돌봄 교실 추첨에서 떨어져 상황은 좀처럼 바뀌지 않았다.

2학기가 되어서 제한적으로 등교를 했으나 아직 대부분의 교육은 비대면 위주였다. EBS 방송의 비중을 줄이고, 교사들이 준비한 유튜브, 온라인 줌으로 수업을 진행했다. 온라인 수업은 기대에 비해 만족스럽지 않았다. 딸의 공부를 지도하는 것은 대부분 장인어른의 몫이었다. 그나마 장인어른은 평생을 교사로 생활하셨기에 조금은 수월했지만, 세월의 흐름은 어쩔 수 없었다. 1학년 혼자 온라인 수업을 할 수 없다. 수업에 접속하는 것도 어른의 도움이 필요하다. 젊은 사람들은 몇 번 하다 보면 방법을 금방 익힐 수 있지만, 어르신에게 온라인 시스템은 몇 번 한다고 해서 쉽게 접속할 수 있는 도구가 아니었다.

　출근해서 업무를 하는 도중 장인어른에게 전화가 왔다. "온라인에서 이름을 바꿔줘야 하는데 어떻게 눌러야 하는지 잘 모르겠다." 장인어른이 말씀하시는 문제는 들었다 해도 바로 해결되는 경우는 거의 없었고, 대부분은 나도 화면을 봐야 간신히 해결할 수 있었다. "아버님, 지금 그 화면 저에게 휴대폰으로 찍어서 보내주세요." 장인어른이 화면을 찍어서 나에게 문자로 보내주시면 확인하고 다시 전화를 걸었다. "우측 하단에 보이는 제 이름에 마우스 갖다 대시고, 마우스 오른쪽 버튼 누르신 다음에 이름 바꿔주시면 돼요." 보통 한 번 수업하려면 대여섯 번은 통화를 해야 간신히 해결된다. 장인어른은 노안 때문에 화면이 잘 안 보이셔서 버튼이나 메뉴를 찾는 데도 많이 힘들어하셨다. 일주일에 3~4일은 이렇게 통화를 해야 간신히 온라인 수업에 참여할 수 있었다. 일을 하는 나도 업무에 영향을 받으니 스트레스를 받지만 아빠로서 어쩔 수 없었다.

그러던 어느 날, 장인어른은 나와 몇 번을 통화하고서도 온라인 수업 문제가 해결되지 않자 음소거가 되어 있지 않은 걸 모르고 버럭 화를 내셨다. "집에 할머니, 할아버지만 있는 집은 수업을 어떻게 하라고! 도대체 뭘 하자는 건지 모르겠네!!" 버럭 소리 지르신 그 말은 줌을 접속한 선생님과 학생들에게 여과 없이 전달되었다. 나중에 상담하면서 들은 말이지만 선생님은 무척 당황하셨다고 한다. 코로나19가 만들어낸 초등학교 수업 시간의 진풍경이었다.

시간이 지나도 딸의 수학 실력은 나아질 기미를 보이지 않았다. 수소문 끝에 도보로 15분 거리에 있는 공부방에 보내기로 했다. 험한 세상이라 도보로 15분 거리를 딸 혼자 보내기는 걱정이 되었다. 공부방 등하원도 할아버지의 몫이었다. 공부방을 한참 다녀도 수학 실력은 그대로인 것만 같았다. 선행학습이라도 시킬 걸 후회가 되었다. 아내나 나나 선행학습은 최소화하고 어렸을 때 놀 수 있는 시간을 많이 주자는 생각이었다. 현실과 이상은 맞지 않구나 되물을 때가 한두 번이 아니었다.

### 아들로 코로나19 시대 살아가기, 어머니의 간농양

어머니는 올해로 65세시다. 내가 스무 살이 되던 해 아버지는 돌아가셨다. 돌아가시기 전부터 긴 투병 생활로 아버지는 이미 경제 활동을 할 수 없었다. 경제적 가장은 실질적으로 어머니였다. 어렸을 때 가정 형편은 그리 넉넉하지 않았다. 내가 초등학교를 다닐 무렵

아버지의 사업은 망했고, 그 무렵 어머니는 한식 조리사 자격증과 양식 조리사 자격증을 따고 뷔페 일을 시작하셨다. 새벽에 나가서 밤늦게까지 일을 하셨고 토요일과 일요일은 특히 바쁘셨다. 아버지는 집에만 누워 있어 일을 하지 못했기 때문에 살림은 늘 쪼들렸다. 1998년 IMF 때 다들 경제적으로 어렵다고 했다. 우리는 원래부터 여유 있는 형편이 아니었기 때문에 상대적으로 어렵지 않았다. 어머니가 직장에서 꾸준히 일하신 덕분이었다.

어머니는 건강 하나는 타고나셨다. 언제나 활력이 넘치셨고 작은 키에서 어떻게 저런 에너지가 나오는지 놀랄 때가 한두 번이 아니다. 대학생 때 어머니가 계신 뷔페 주방에서 몇 번 아르바이트를 한 적이 있다. 무거운 음식을 쉴 새 없이 날라야 했는데 주방에서 나오는 열기에 땀범벅이 되었다. 주말에 결혼식 하객 5천 명은 기본이었고, 앉아 있을 시간조차 없었다. 토요일과 일요일 이틀 일하고 며칠간 앓아 누웠다. 평생 그 일을 하신 어머니를 다시 한번 존경하게 되었다.

작년 11월, 어머니에게 전화가 왔다. 등이 아프시다길래 파스를 사서 붙여드렸다. 큰일은 아니겠다 싶어 조심하라고 말씀드리고 집에 왔다. 다음 날 아침 어머니에게서 다시 전화가 왔다. 너무 아파서 출근을 못 하겠다고 해서 아침에 연차를 내고 어머니에게 갔다. 출근은커녕 몸을 가누지도 못할 지경이었다. 곧바로 근처에 있는 순천향대 부천병원으로 어머니를 모셨다. 한 걸음 내딛기도 힘들어하는 어머니를 부축해서 응급실로 갔다. 코로나19 때문에 보호자는 응급실 안으로 들어갈 수 없어 밖에 대기할 수밖에 없었다. 대기실 전광판으로 진료 진행 상황을 볼 수 있었다. 의사초진-혈액검사-영상검사-타과의뢰-입/퇴원 등의 메뉴였는데, 유독 어머니만 영상검사 단계에서 다음으로 넘어가지 않았다. 남들은 30~60분이면 입원이든 퇴원이든 결정이 되는데 어머니는 두 시간이 넘도록 결과가 나오지 않으니 조급해졌다.

세 시간이 넘어서야 의사가 나를 불렀다. 병명은 간농양이었다. 위급한 상황은 넘겼지만 치료를 위해 입원을 해야 하는데 즉시 입원은 안 된다고 했다. 코로나19 검사 결과가 나와야만 입원이 가능했다. 아픈 상태로 검사 결과가 나올 때까지 대기하기란 힘든 일이다. 코로나19 상황에서 병원의 조치도 한편 이해가 되었다. 몇 시간이 지나 코로나19 검사 결과가 나왔고 어머니는 입원을 했다.

이름도 생소한 간농양. 간에 혹이 생기고 염증 때문에 고름이 차 있었다. 간에 혹이야 누구나 있다고 하지만 대부분 혹의 크기가 작기 때문에 별문제가 없다. 어머니의 간을 찍은 CT 사진을 보니 혹이 엄청나게 커져서 간을 뒤덮고 있었다. 자칫 그 혹이 터졌으면 생명이 위험할 뻔했다. 극심한 과로가 원인이었다. 뷔페 일이 워낙 힘들고, 주말에는 새벽부터 밤늦게까지 일하는 것이 예삿일이었다. 그만 일하는 게 어떻겠냐고 몇 해 전부터 권해왔지만, 어머니는 건강할 때 조금이라도 더 노후 준비를 해야 한다고 버티셨다. 조금만 더, 조금만 더 버틴 결과가 이 사달을 불러온 것이다.

배를 절개하고 배액관을 꽂아서 간에 차 있는 고름을 조금씩 배출했다. 결과적으로 어머니는 배액관을 한 달 넘게 꽂고 생활하셨다.

간이 장기를 누르기 때문에 등 쪽에 통증이 극심하셨다. 똑바로 누워서 잠을 주무실 수 없었다. 엎드려서 자려고 해도 배에 꽂은 배액관 때문에 엎드릴 수도 없으셨다. 결국 3일 밤낮을 꼬박 앉아 계셨다. 낮에는 그나마 괜찮았지만 밤에는 졸다가 낙상할 우려가 있었다. 내가 옆에 앉아서 어깨를 내어드리는 수밖에 없었다. 밤 10시부터 새벽 6시까지 꼬박 여덟 시간을 어머니 옆에 앉아 있었다. 우리는 점점 지쳐갔다.

문제는 그뿐만이 아니었다. 24시간을 앉아 있으니 다리와 발이 퉁퉁 부었다. 수액은 계속 맞는데 배출은 그만큼 안 되니 당연했다. 어머니가 발이 저리다고 해서 계속 발을 주물렀다. 밤을 꼬박 새운 날은 아침에 연차를 내고 집에 가서 눈을 조금 붙이고 다시 출근했다. 퇴근하면 다시 병원으로 향했다. 그렇게 며칠을 보냈다. 나는 누군가가 나에게 같은 말을 여러 번 하는 것을 아주 싫어한다. 어머니는 여느 어르신들과 마찬가지로 똑같은 이야기를 여러 번 하는 스타일이었고 대부분의 자녀들이 그렇듯 나도 평소에 어머니에게 짜증을 잘 내는 편이었다. 그러나 이번에는 조금 달랐다. 육체가 아프니 마음은 오죽하겠냐는 생각이 들어 어떤 상황에서도 어머니에게 짜증을 내지 않기로 다짐했다. 돈 드는 것도 아닌데 아들로서 그만큼도 못하겠냐 싶었다. 간병하면서 거의 짜증을 내지 않았고 스스로 대견하다고 생각을 했다.

3주 정도 지났을까, 순천향대 부천병원발 코로나19가 터졌다. 멀리 떨어져 있는 병동에서 신규 확진자가 발생했다. 많은 환자가 입원한 병원이기에 상황은 더 급박하게 돌아갔다. 환자는 물론 의사, 간호사, 보호자까지 4천 명에 달하는 인원이 모두 코로나19 검사를 받았다. 다행히 어머니와 나는 음성 판정을 받았다. 문제는 그게 아니었다. 담당 의사가 어머니에게 전원(轉院)을 요구했다. 대학 병원에서 오랫동안 진료를 받을 수 없다는 이유였다. 간의 고름이 배액될 때까지 2~3주가 더 필요하지만 항생제와 수액 치료가 전부이니 여기 있을 필요가 없다는 것이었다.

그나마 순천향대 병원이 제일 안전하다고 판단한 나는, 담당 의사에게 계속 순천향대 병원에서 진료를 받게 해달라고 사정했으나 의사는 딱 잘라 거절했다. 평소에도 무뚝뚝하고 차가운 말만 하길래 얄밉다고 생각했지만, 그때는 정말 더 얄미웠다. 울며 겨자 먹기로 옮길 병원을 찾아봤지만 코로나19가 터진 순천향대 부천병원의 환자를 받아줄 병원은 없었다. 요양 병원이나 시설이 좋지 않은 병원에서 오라고 연락이 왔지만, 면역력이 떨어진 어머니를 그쪽으로 보내고 싶은 생각은 전혀 없었다. 옮길 병원을 정해야 할 시간은 다가오는데 가고 싶은 병원에서는 연락이 오지 않았다. 마음은 타들어갔다. 그때 한 병원에서 기적과 같이 연락이 왔다. 코로나19 음성 판정을 받았다는 결과지를 첨부하면 어머니를 받아주겠다고 했다.

정해진 절차를 밟아 감사하게도 병원을 옮겼다. 매주 순천향대 병원으로 외래 검진을 와야 하는 불편은 있었지만 옮길 수 있는 병원을 찾은 것만으로도 감사했다. 병원을 옮긴 뒤 어머니의 통증은 조금씩 줄어들고 몸도 회복되기 시작했다. 처음 입원해서 일주일간 어머니의 체중은 10킬로그램 늘어났다. 통증 때문에 식사를 전혀 하지 않는데도 수액이 몸에 가득 차서 그런 것이었다. 누워서 잠을 잘 수 있으면서 다리에 생긴 붓기는 점차 빠지기 시작했다. 식사는 여전히 거의 하지 않거나 조금만 하셨다. 병원을 옮긴 뒤 어머니는 20킬로그램이 빠졌다. 마른 모습이 무척이나 안쓰러웠다.

처음 순천향대 병원 응급실을 찾은 날로부터 한 달이 지났다. 순천향대 병원의 담당 의사는 몸이 많이 좋아졌으니 일단 퇴원을 해도 좋다고 했다. 배액관은 여전히 유지해야 한다고 했다. 다른 것보다 배액관이 가장 신경 쓰였다. 자칫 잘못 움직였다가 배에 연결한 배액관이 빠질까 노심초사했다. 이틀에 한 번씩 배액관이 연결된 부분을 소독해야 했는데 이제 집에서 소독하고 드레싱을 해야 하는 부담도 생겼지만 집에서 마스크를 벗고 지낼 수 있는 것은 좋았다.

12월 24일 크리스마스 전날, 어머니는 집으로 돌아왔다. 어머니가 집을 비운 한 달 동안 집 안에 먼지는 쌓였고, 식물은 태반이 말라 죽어 있었다. 그나마 수도관 얼지 않도록 중간중간 물을 틀어놓은 것 외에 집은 엉망이었다. 집 안을 청소하고 수시로 어머니 집을 오가며 아침, 저녁으로 식사를 챙겨드렸다. 1월 중순, 드디어 배에 꽂혀 있는 배액관을 제거했다. 피검사를 하고 CT를 찍어보니 증세가 많이 좋아졌다. 담당 의사는 어머니를 볼 때마다 "죽을 뻔하셨어요, 이제부터 관리 잘하세요"라고 하며 웃으면서 이야기했다. 얄미웠다는 말은 취소다.

병원에 입원하면서 어머니는 일을 그만두셨다. 더는 일을 할 수 없는 상황이 오지 않았다면 아마 지금도 계속하셨을 것이다. 전에 일하던 곳에서 다시 나와줄 수 있냐고 가끔 연락이 온다고 한다. 어머니는 계속 고민하시는데 절대 가지 말라고 말씀드린다. 또다시 힘든 일을 겪게 하고 싶지 않아서다. 나는 어머니가 아프기 전에는 본의 아니게 일주일에 전화 한 번 드릴까 말까 하는 무심한 아들이었다. '어머니는 나름대로 바쁘시니까'라는 생각 때문에 조금 안이하게 여겼던 것 같다. 함께 투병 생활을 하면서 어머니와의 관계가 가까워졌다. 매일은 아니지만 자주 전화를 드리고 안부를 묻는다. 어머니가 오래오래 건강하게 사셨으면 한다.

## 남편으로 코로나19 시대 살아가기, 육아 휴직

아내는 코로나19와 관련된 직업에 종사하고 있다. 이 시기가 언제 끝날지 알 수 없는 상황에서 사무실 비상 대기는 물론, 집에 있다가도 연락을 받고 출근하는 일이 한두 번이 아니었다. 코로나로 인해 아내가 너무 바쁘다 보니 그 빈자리는 내 몫이 되었다.

2021년 봄, 아내는 승진을 앞두고 일하는 근무지를 옮길 예정이었다. 승진을 한 사람은 기존에 일하던 부서에서 일할 수 없고, 다른 부서로 이동해야 한다는 직장 내 규정 때문이다. 여러 부서를 알아보던 중 아내는 교대 근무 부서로 옮길 준비했다. 결혼 전에 교대 근무를 하는 부서에서 일했다고 들었는데, 결혼 이후에는 교대 근무를 한 적이 없었다. 본인의 커리어를 위해서 교대 근무 부서로 간다니 남편으로서는 찬성이지만 상황은 여의치 않았다. 장인어른과 장모님이 아이들을 맡으신 지도 1년이 다 되어갔고, 점점 지치시는 모습이 역력했다. 아내마저 일근(日勤)이 아닌 교대 근무를 하게 되면 내가 육아 휴직을 내고 애들을 봐야 하는 상황이었다. 2008년에 직장 생활을 시작한 이후 한 번도 휴직한 적 없이 지금까지 달려왔다. 남자의 육아 휴직은 직장 창립 이래 세 번째여서 크게 불가능하지는 않았지만 휴직을 오래하면 인사 고과나 승진, 외부 활동 등 포기해야 하는 것들이 많았다. 그럼에도 불구하고 육아 휴직이 가능할 때 아이들과 더 가까운 시간을 가져보자는 생각이 들었다. 아내와 의논해서 교대 근무에 적응하는 기간을 3개월로 잡았고, 그 3개월간 육아 휴직을 하기로 했다. 마침 어머니도 병원에서 퇴원하셔서 본가를 왔다 갔다 하며 돌아봐야 했으니 가장 적당한 시점이기도 했다. 직장에 휴직하겠다고 이야기를 꺼냈더니 이해해주는 사람이 있는 반면 나쁘게 말하는 사람도 있었다. 다들 내 맘 같지 않았다. 우여곡절 끝에 2월 1일 자로 육아 휴직에 들어갔다.

아내가 부서를 옮긴 지 이틀 정도 지났을까? 아내의 전 부서 동료가 코로나19 확진자로 판정되었다. 아내는 인수인계차 전 부서 사무실에 들러 확진된 직원분과 마스크를 쓴 상태에서 인사만 나눴는데 코로나19 감염 시기를 정확하게 특정할 수 없어 전, 현 근무자 모두 밀접 접촉자로 분류되었다. 아내는 코로나19 검사를 받고 음성으로 판정되어 14일간 자가격리 처분을 받았다. 안방에 격리된 아내는 혼자 2주일의 시간을 보냈다. 혹여나 영향을 미칠까 아이들에게 안방 근처에는 얼씬도 못 하게 했고 아침, 점심, 저녁 세끼를 준비해 안방에 넣어줬다. 다 먹은 식기도 따로 설거지하는 등 자가격리 수칙도 철저히 지켰다. 아내는 답답하기는 했겠지만 2주간 넷플릭스와 함께 자기만의 시간을 보냈으니 괜찮았겠지만 나에게는 쉽지 않은 2주였다. 휴직을 하길 잘했다는 생각이 들었다. 만약 휴직을 하지 않았으면 회사에 혹여나 피해를 줄 수 있는 상황이었다. 아이들도 유치원, 공부방, 태권도 학원에 보내지 않았다. 육아 역시 내 몫이 되었다. 가족이 자가격리 중이다 보니 아이들을 도서관 같은 공공장소에 데리고 가는 것도, 놀이터에 나가서 노는 것도 할 수가 없었다. 2주가 지났다. 아내는 조마조마한 마음으로 코로나19 검사를 했고 음성으로 결과가 나와 자가격리는 해제되었다. 아내는 다시 출근을 시작했다. 원래 교대 근무 부서로 옮길 예정이었는데, 예정과 다르게 교대 근무가 아닌 일근 근무를 하게 되었다.

    나의 일과를 간략하게 설명하자면 아침 7시 좀 넘어 아내를 픽업해서 차로 15분 거리에 있는 근무지에 내려주고 집으로 돌아온다. 딸은 8시 반에 등교시키고, 아들은 9시에 등원시킨다. 집에 돌아와서 청소나 빨래를 하거나 밀렸던 집안일을 한다. 오후에 딸을 학교에서 데려와 3시 정도에 공부방에 데려다주고 근처를 배회하다가, 4시 반에 데리고 오면서 아들도 태권도 학원에서 데려온다. 아내가 퇴근할 무렵까지 저녁을 준비하고 이후 애들을 씻기고 재운다. 이 생활의 반복이었다.

    코로나19 시기의 육아 휴직은 조금 특별한 경험이었다. 아내의 빈

자리는 오롯이 나의 몫이었고 이것이 쉽지 않았음을 고백한다. 하지만 아내가 자리를 옮겨 적응하는 동안 육아 휴직을 할 수 있었던 환경에 감사한다. 덕분에 자녀들과 많은 시간을 보낼 수 있었다.

### 나 자신으로 코로나19 시대 살아가기

아빠로, 아들로, 남편으로서만 코로나19 시대를 살아가기에는 뭔가 아쉬웠다. 그 속에서도 나의 정체성을 꾸준히 찾으려고 노력했고 긍정적인 마음으로 살려고 이것저것 도전했다. 가장 먼저 시작한 것은 '공인중개사' 공부였다. 사실 코로나19 때문에 공부를 시작한 것은 아니었다. 더 늦기 전에 노후를 대비해 자격증을 따고 싶었고, 부동산 시세가 하루가 다르게 오르는 것을 보고 재테크 차원에서 공부를 시작한 내적 동기도 있었다. 공인중개사 시험에 대해 자세히 알아보니 1차와 2차로 나뉘어 있고 1차는 민법과 부동산학 개론, 2차는 공법, 세법, 중개사법, 등기법 등 실정법으로 구성되어 있었다. 100점 만점 중 평균 60점만 넘으면 합격이다. 어르신이나 중년 이상 분들도 합격한 것을 많이 봐왔기 때문에 직장을 다니면서 도전할 만했다. 10월 말에 시험을 보니 2월부터 시작한다면 기간도 충분했다. 가장 어려운 과목이 민법이라는데 2016년에 공인노무사 준비를 하면서 민법을 공부한 경험도 있기 때문에 그렇게 어려울 것 같지 않았다. 더 늦기 전에 도전하기로 마음먹고 인터넷 강의를 신청했다.

시험을 너무 쉽게 생각했다. 출퇴근 시간에 민법만 조금씩 공부했지만 나머지 과목은 진도가 잘 나가지 않았다. 이왕 안 되는 거 그냥 시험 전에 벼락치기나 하자는 나태한 마음도 들었다. 그렇게 6월이 지나고 7월이 되자 조금씩 마음에 부담이 생기기 시작했다. 해야지 생각하면서도 차일피일 미루다가 시험이 한 달 앞으로 다가왔다. 인터넷 강의 비용도 100만 원 가까이 냈는데 이대로 날릴 수는 없었다. 발등에 불이 떨어졌다. 집에 양해를 구하고 근처에 있는 스터디카페로 향했다. 퇴근하고 바로 스터디카페에서 공부를 했다. 주변에는 수능이나 공무원 시험을 준비하는 사람들이었다. 한 달간 거의 매일 새벽 2~3시까지 공부를 했다. 고3 때도 그렇게 공부해본 적이 없었다. '이렇게 공부했으면 진짜 S대 갔겠다'는 생각을 달고 살았다. 모의고사를 보면 평균 60점은커녕 50점도 안 나올 때가 빈번했다. '아, 한 달만 시간이 더 있었으면….' 후회해봐야 소용없었다. 시험이 어렵다기보다는 공부해야 할 범위가 너무 넓었다. 한마디로 시험을 우습게 본 것이 낭패였다.

    시험 당일이 되었다. 뉴스를 보니 역대 최다인 36만 명이 시험에 응시했다. 절대평가인 시험에서는 응시자가 몰릴 경우 합격자 수 조정을 위해 시험 합격 기준이 올라갈 수밖에 없다. 그럼에도 불구하고 혹시 마스크를 쓰고 하니 응시자의 성적이 그리 잘 나오지 않아서 합격 기준도 아주 높지 않을 수 있다는 희망을 가져봤다. 오전에는 민법과 부동산학 개론을, 오후에는 중개사법, 공법, 세법, 등기법 시험을 치렀다. 기출문제를 중심으로 공부했지만 처음 보는 문제가 연이어 나왔다. 특히 민법이 문제였다. 나름 제일 시간을 많이 투자한 과

목이었는데 헷갈리는 문제가 많고 찍고 넘어가는 문제가 속출했다. 1차 시험에서 평균 60점을 넘지 못하면 2차 시험을 아무리 잘 봐도 불합격이다. 1년을 준비한 시험인데 망했다는 생각이 들었다. 그래도 누굴 탓하겠나. 두 달 앞두고 시작했으면 괜찮았을 것을.

오전 시험을 마무리하고 오후 시험을 봤다. 2차 시험의 일반적인 공략법은 중개사법에서 점수를 많이 확보하고 공법에서 40점 이상을 득점해서 과락을 넘긴 다음 세법과 등기법은 합격 평균 점수를 득점하는 것이다. 나의 예상을 비웃기라도 하듯 중개사법에 어려운 문제가 많이 나왔고, 원래 어려운 공법은 역시 어려웠다. 세법과 등기법마저 찍는 문제가 속출했다. 시험이 끝나면 바로 학원가에서 예상 정답을 공개하는데 시험을 망쳤다는 생각에 채점조차 하기 싫었다.

집에 오니 가족들이 시험 잘 봤냐고 물어봤다. 대답하기도 싫었다. 떨어진 것 같다고만 이야기하고 시험지를 펴보지도 않았다. 채점하고 싶지도 않았다. 그렇게 이틀이 지나고 처참한 마음으로 채점을 시작했다. 찍었는데 맞은 문제가 여러 개 나왔다. 혹시나 하는 마음에 맞은 문제를 세어보니 1차 시험인 민법과 부동산학 개론에서 평균 66점이 나왔다. 1차 합격이었다. 2차 시험인 네 과목도 마저 채점했다. 공법은 과락을 넘었고, 등기법과 세법은 평타를 쳤는데 중개사법이 문제였다. 합산을 해보니 평균 58.8점, 세 문제가 모자랐다. 학원가에서 복수 정답을 예상했는데 잘하면 세 문제가 모두 복수 정답으로 인정될 가능성도 있었다. 공무원 수험생들의 마음이 조금이나마 이해가 됐다. 평생의 직장이 걸려 있지 않은 시험에서도 이렇게 한두 문제 차이로 합격과 불합격이 갈리는데 그들의 마음은 오죽할까 싶었다.

한 달이 지나서 최종 결과가 발표됐다. 한 문제는 복수 정답으로 처리되었지만 나머지는 아니었다. 두 문제 차이로 2차 시험은 떨어졌다. 가족들은 1차 시험에 된 것만으로도 잘한 것이고, 내년에는 1차 시험은 면제되니 2차 시험을 잘 보라고 격려해줬다. 두 문제 차이로 1년을 더 준비해야 한다는 사실에 실망했지만 어쨌든 좋은 경험이었다.

공인중개사 시험 준비에 이어 두 번째로 한 일은 '장애인 문화예술 지원사업 현장평가위원'으로 참여한 것이다. 업무상 지역에서 벌어지는 문화예술 공연이나 전시 현장을 방문하고 행사가 잘 진행되고 있는지 꾸준히 모니터링을 한 지 5년이 넘었다. 돌아보면 한 해에 100~150편에 달하는 공연과 전시를 참관했다. 재미있는 공연을 보는 것은 즐거웠지만, 재미없는 공연을 한 시간 넘게 참고 보는 것은 고역이었다. 재미있는 공연보다 재미없는 공연이 많은 것은 '안 비밀'이다. 많은 공연을 보면서 공연을 평가하는 나만의 관점을 갖게 되었고 그냥 지나치는 것이 아까워서 SNS에 공연이나 전시를 참관한 간략한 소감을 올려왔다.

5월의 어느 날, 한국장애인문화예술원으로부터 전화 한 통을 받았다. 장애인 문화예술 지원사업 평가위원으로 참여해달라는 것이었다. 한국장애인문화예술원은 장애인의 문화예술 활동을 돕는 문화체육관광부 산하 공공기관이다. 심의를 통해 장애인들이 문화예술 활동을 잘할 수 있도록 국가의 지원금을 배분하고, 사업이 제대로 진행되고 있는지 전국적으로 평가위원을 파견하는데, 나에게 평가위원 섭외가 들어온 것이었다. 아마 SNS에 올린 활동을 보고 누군가 추천해준 것일 거라 짐작하고 감사하게 섭외를 수락했다.

코로나19 때문에 문화예술 활동 자체가 위축되었다. 장애인들의 문화예술 활동은 더욱 위축될 수밖에 없다. 자녀들의 장애를 문화예술을 통해 치료하기 위해, 또는 교육을 하고 무대 경험을 쌓기 위해 뒤에서 물심양면으로 뒷바라지하는 부모님들의 모습을 많이 보게 되었다. 전부터 비장애인이 참여하는 문화예술 행사도 많이 경험했지만, 장애인이 만드는 문화예술 행사는 그 어느 것보다 특별했다. 방역수칙을 지키면서 어렵게 추진되는 행사마다 평가위원의 자격으로 방문해서 인터뷰하고 참관하고 평가를 했다. 지원을 받는 장애인 단체 입장에서는 평가위원이 방문하는 것이 그리 달갑지 않다. 혹여나 뭔가 실수를 해서 평가가 좋지 못하면 다음번 지원금을 받는데 부정적으로 영향을 미치기 때문이다. 그렇기에 평가위원이라고 해서 생색내면서 유난 떨고 싶지 않았고, 최대한 겸손하게 현장의 이야기를 들으려고 노력했다. 현장을 방문하면서 겪었던 많은 사례 중 인상적인 경험 하나를 소개하려고 한다.

2020년 9월 18일 홍대 롤링홀에서 진행된 '페스티벌 나다 2020'이다. 장애인과 비장애인이 한 공간에서 함께 즐기고 장애에 대한 편견의 벽을 허문 예술 축제였다. 배리어 프리(barrier free)를 지향하는 축제였기에 출연한 모든 공연팀은 한 곡씩 암막 공연을 했다. 아무것도 보이지 않는 어둠 속에서 노래를 들으면서 비장애인들은 시각장애인의 불편함을 체험하면서 잠시나마 이들을 이해할 수 있었다. 또한 수어 통역가의 통역이 인상적이었다. 두 명의 통역가가 무대 위에서 번갈아 가며 통역을 했는데 단순히 멘트나 노래 가사만 수어로 전달한 것이 아니었다. 공연 분위기를 느낄 수 있도록 통역가들은 표정과 온몸을 사용해서 열정적으로 분위기를 전달했다. 그리고 관객들은 우퍼스피커가 내장된 조끼를 착용하여 비트를 온몸으로 느낄 수 있었다. 덕분에 노래를 듣지 못하는 청각장애인들도 축제를 즐길 수 있었다. '장애인들을 정말 많이 배려한 축제'라는 것을 몸으로 느낄 수 있는 기회였다.

나만, 우리 가족만 코로나19 때문에 힘든 줄 알았는데 그게 아니었다. 시각장애인들은 비대면 회의나 웹 접근성이 떨어지는 온라인 수업을 힘들어했다. 청각장애인에게 마스크는 공포 자체였다. '마스크는 최고의 백신'이라는 국무총리의 말씀이 아니더라도 우리는 마스크의 장점만을 생각하는 데 비해 청각장애인들에게는 마스크가 불통의 상징이었다. 청각장애인들은 의사소통을 할 때 상대방의 입 모양을 확인해야 정확하게 소통할 수 있다. 그런데 모두가 마스크를 끼다 보니 입 모양을 확인할 수 없어서 많은 불편을 겪는 중이다. 발달장애인들 역시 힘들다. 코로나19로 인한 직장 폐쇄, 근로 중단에 대해 왜 더 이상 자신이 일할 수 없는지 이해하지 못하는 발달장애인들도 많았다.

우연한 기회에 장애인 삶의 일부분을 관찰했다. 장애인 문화예술 지원사업 평가위원으로 참가하면서 조금이나마 주변을 돌아볼 수 있었다. 나보다 더 힘들게 코로나19 시대를 살아가는 사람이 있음을 알았다. 이들 역시 힘을 내어 함께 코로나19를 극복했으면 좋겠다는 소망을 가져본다.

### 코로나19 시대 살아가기, 그리고 이쇼라스!

코로나19 시대에 아빠로서, 아들로서, 남편으로서, 그리고 나 자신으로 살아가는 이야기를 부끄럽지만 솔직하게 꺼내놓았다. 코로나19를 경험한 것은 국가도 처음이고 나도 처음이다. 아빠로서, 아들로서, 남편으로서 요구되는 역할도 이전과는 조금 달랐다. 누군가 부족한 나의 이야기를 읽고 '다들 열심히 사는구나. 나도 힘을 내야지'라고 생각한다면 그것만으로도 감사할 따름이다.

코로나19는 당분간 끝나지 않을 것 같다. 이 글을 쓰고 있는 순간에도 코로나19 신규 확진자 수는 1천 명을 넘어 사회적 거리 두기 4단계가 진행 중이다. 모두가 힘든 시기를 보내기 때문에 함께 힘을 내자는 말을 꺼내기조차 쉽지 않다. 웹툰 〈나빌레라〉의 한 장면으로 이야기를 마치려고 한다. 〈나빌레라〉는 발레를 소재로 하고 있는데, 드라마와 뮤지컬로 제작되면서 대중에게 많은 사랑을 받았다. 일흔의 노인 심덕출이 발레를 시작하며 겪는 성장 스토리다. 육체적인 한계와 사람들의 편견을 극복하고 꿈을 위해 도전하는 그의 모습에 많은 사람들은 가슴 뭉클한 감동을 느꼈다.

〈나빌레라〉에서 덕출이 러시아 무용수 미하엘에게 개인 지도를 받는 장면이 있다. 미하엘과 덕출이 발레 연습하는 것을 발견한 단원들은, 미하엘이 덕출을 심하게 몰아붙이는 줄 알고 연습을 중지시키려고 한다. 알고 보니 연습하는 동작이 뜻대로 되지 않을 때마다 오히려 덕출이 미하엘에게 "이쇼라스"를 외치며 다시 연습에 매진한다. 이쇼라스는 러시아어로 '한 번 더'라는 뜻이다. 〈나빌레라〉의 주인공은 자신의 한계를 깨기 위해 노력한다. 그리고 실패할 때마다 이렇게 외쳤다. "이쇼라스!" 힘이 들 때마다 꿈을 향해 한 발 더 내딛는 일종의 격려. 코로나19 시대를 살아가는 지금, 모두가 힘들고 어렵지만 "이쇼라스!"를 외치면서 희망을 향해 한 발 더 내딛는 것은 어떨까? 이 시대를 사는 모든 아버지와 아들, 그리고 남편들을 응원한다.

# 흐르고 흘러라

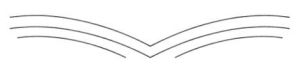

1

즐겁게 춤을 추다가 그대로 멈춰라.
눈도 감지 말고 웃지도 말고
울지도 말고 움직이지 마.

— 동요 중에서

띵동. 휴대폰의 문자 알림음이 경쾌했다.

「코로나 바이러스 확산 방지를 위해 ○월 ○일부터 ○○가족지원센터는 무기한 휴관합니다.」

다니던 직장에서 공지된 내용이었다. 경쾌한 여운은 온데간데없었다. 가슴팍에 쐐기가 '꽉' 하고 박히는 느낌이었다. 순간 공기의 흐름이 멈추고 내 호흡도 멈춘 것 같았다. 라디오 아침 방송에서는 그룹 아바의 〈댄싱 퀸〉이 흥겹게 흐르고 있었는데. 노래의 리듬을 따라 흥겹던 기분도 언제 그랬냐는 듯이 싹 달아나고 없었다. 그렇지 않아도 뉴스를 보며 흉흉한 느낌이었는데 올 것이 오고야 말았다. 드디어. 어쩌다가 이렇게까지….

집과 직장과 다른 곳들로 분주하게 오고 가며 사람들을 만나는 것이 내 생활이었다. 삶이라고 생각했던 것들이 멈춰버린 상황을 이해하자 막막함이 밀려왔다. 프리랜서 상담사인 나에게 센터의 휴무는 곧 나의 휴무. 나는 휴직에 들어가게 된 것이다. 그러니까 무기한 무급 휴직.

## 2

그리고 사람들은 집에 머물렀다.
— 키티 오메라의 〈그리고 사람들은 집에 머물렀다〉 중에서

모든 게 멈췄다. 세상이 갑자기 고요해졌다. 나의 삶도 정적에 들었다. 불안이 불안을 부추기고 있었고 예측 불가한 공포에 대한 공포였다. 서로를 향한 위로와 다독임은 서글펐다. 나 개인이나 가족의 안위의 문제가 아니었다. 전 지구적인 재난이기에 조용히 기다리고 상황에 익숙해지는 것이 내가 할 수 있는 일이었고 유일한 적응 방법이었다. 그저 침묵할 수밖에 없었다.

쉬자, 좀 쉬자. 그러다 보면 곧 좋아지겠지… 나아지겠지…. 그런 기대로 나와 주변을 다독였다. 마음의 저항을 멈추었다. 그리고 보니 일을 놓고 머리 비우며 지낸 지가 얼마 만인지.

뜻밖의 휴가나 팔자에 없던 방학을 얻었다고 생각하면 꼭 나쁜 일도 아니었다. 아침마다 허둥대며 집으로부터 숨 가쁘게 달아나지 않아도 되었다. 느지막이 일어났고 아직 덜 깬 잠을 깨우려 굳이 눈을 비비지 않아도 좋았다. 라디오를 켠 후 디제이가 하는 말에 귀를 기울이고, 노래 가사를 음미하며 음악을 듣고, 아주 천천히 커피를 마시며 집 안에서 어슬렁거리는 맛도 괜찮았다. 가족의 얼굴을 보고 아침 인사를 하고, 한 식탁에서 같이 밥을 먹고 여유 부리며 하루를 시작하는 맛도 있었다. 평소 밥도 주는 둥 마는 둥 관심을 가질 여력도 없었는데, 어항 속의 구피들이 유유히 헤엄치는 모양을 오래도록 들여다보았다.

그래도 '얼음'이 되어 멈춰버린 일상이 '땡' 하며 다시 흐르기를 바랐다. 간절하게. 하지만 기대와는 달리 좀처럼 사태가 좋아질 기미가 보이지 않았다. 언제나 다시 직장에 복귀하게 될지? 그날이 과연 오기나 할지? 내게 버틸 힘이 있는지? 마음은 점점 어두워졌다. 초조함이 밀려왔고 시간은 덩어리로 흘렀다.

### 3

봄이 오고 하늘 빛나고
꽃이 피고 바람 살랑이면은
우린 다시 돌아갈 수 있다고
우리가 살아왔던 평범한 나날들이

다 얼마나 소중한지 알아버렸죠.
> – 이적 〈당연한 것들〉 중에서

하루하루 세상 소식을 듣자니 안 그러려고 해도 자꾸 가슴이 답답하고 두려움이 엄습했다. 일상의 삶으로부터 격리된 시간들이 무한정 계속될 것 같았다. 매일 수시로 날아드는 재난 문자는 바이러스가 창궐하는 바깥세상은 위험하고 무시무시하다고 계속 경고했다. 아침에는 그럭저럭 지낼 만했다. 하지만 오후가 되면 마음은 점점 짙은 회색으로 무거워졌다. 바닥에서 무언가가 나를 끌어 잡아당기는 것 같았고 그대로 땅속으로 꺼질 것 같았다. 나는 힘이 없었고 머리는 산만했다. 숨이 턱턱 막혀 밭은 숨을 토해내고 있었다. 너무도 무기력했다.

나도 모르게 가슴에 손을 얹었다. 왼손이 가슴에 얹히자 눈이 스스르 감겼다. 갈비뼈가 부풀었다가 수축하는 몸의 감각을 느끼며 숨을 깊이 들이켜고 또 천천히 숨을 내쉬었다. 들이쉬고 내쉬고, 들이쉬고 내쉬고…. 숨길을 느끼는 사이에 마음도 진정되었다. 내가 어떻게 할 수 없는 상황이라는 것을 받아들이고 나자, 결국 '이것도 삶이다!'라는 생각에 이르렀다.

가슴을 쓸어내리며 코로나로 인해 나보다 더 고통을 받는 많은 분들을 생각했다. 방진복을 입은 의사, 간호사들…. 그들을 향한 감사와 응원의 메시지들…. 다들 무사하기를.

코로나는 또 다른 위로의 풍경을 TV와 인터넷으로 보여주었다.

이웃과 가족이 사경을 헤매고 언제 나의 것이 될지도 모르는 불행 앞에 선 사람들의 인류애였다. 베란다 음악회나 무관중 공연 등 인류를 향한 사람들의 사랑과 희망의 메시지들은 눈물겨운 감동이었다.

하지만 내가 가장 절실히 체감하는 희망은 계절의 변화였다. 무자비한 재난이 모든 것을 얼어붙게 했지만 자연은 늘 그래 왔던 대로 한 치의 오차도 없이 흐르고 흘렀다. 무심한 것 같지만 한편 삶이 계속되고 있다는 메시지였다. 창을 통해 들어온 햇살이 거실 바닥에 드리울 때, 그 빛은 밝고 따스했다. 그 빛 가운데 있으면 포근할 것 같았다. 환기를 위해 창을 여니 바람은 한기가 한결 누그러져 있었다. 어디에선지 향기가 날아들 것 같았다. 아직은 이른 봄이었다. 무작정 집에 갇혀 지내기에 집 밖 세상은 유혹적이었다. 나는 봄을 영접하고 싶었다.

나는 동네를 걷기 시작했다. 아주 천천히 느리게. 어슬렁어슬렁 걸었다. 헐렁한 시간이었다. 어차피 나에게 서두름이란 무의미했으니까.

## 4

아파트와 상가들과 아스팔트, 늘 그 자리에 있는 커다란 나무와 오가는 차들, 그리고 마스크를 한 사람들. 익숙하고 일상적인 모습이었지만 낯설었다. 도시 전체가 거대한 회색 괴물처럼 보였다. 재난영화의 한 장면처럼 을씨년스러웠다. 퍼뜩 막연한 공포가 스쳤다. 이런 감정은 예기치않게 수시로 불쑥불쑥 찾아드는 불청객이었다. 눈에 보이지 않는 바이러스 그리고 눈에 보이지 않는 불안과 두려움. 괜히 목이 간질거리고 기침이 나오려고 했다. 내가 만나는 사람들, 내가 머무는 장소들이 모두 공포스러웠다. 결국 나의 건강과 안전만큼이나 너의 건강과 안전이 소중했고, 너의 건강과 안전이 곧 나의 것이었으므로 우리는 모두 연결된 사람들이었다.

스마트폰을 팔던 가게였는데 'olleh cafe'로 간판이 바뀌어 있었다. 스마트폰 장사가 어지간히 안 되었던지, 가게 안에 놓인 테이블 몇 개가 눈에 띄었다. 'olleh(올레)'를 다시 보니 'hello'를 거꾸로 쓴 것이었다. 아하! 여지껏 이걸 몰랐네~

"Hello, How are you?"

"I'm fine."

관용구처럼 머릿속에 각인된 영어 인사를 읊조려보았다. 봄이 왔으니, 내가 이렇게 살아 있으니, 'I'm fine'이라고 해야 할까?

코로나 확진자가 다녀간 동네 빵집은 며칠 전까지 문을 닫았다고 하던데 오늘은 문이 열려 있었다. 나는 주춤하는 마음을 다잡고는 조심스럽게 유리문을 밀고 들어갔다. 가게 안에는 손님이 한 명도 없었다. 조명이 다 켜져 있었는데도 어둡다는 느낌이 들었다. 평소 맛난 빵과 고소한 빵 냄새 가득한 소확행의 공간이 어느 순간 갑자기 '확진자 동선'이라는 꼬리표가 낙인처럼 매달려 바이러스의 공포를 확인시키는 소름 돋는 공간이 되어버렸다. 늘 보이던 아르바이트생은 보이지 않았고, 빵집 사장과 그의 아내가 나와 있었다. 빵집의 부부는 망연자실해 있었다. 사장의 사람 좋은 얼굴에 지친 기색이 역력했고 슬퍼 보였다.

"이번에 고생 많이 하셨죠?"

나는 괜히 위로의 말을 건네보았다. 그들의 표정은 굳어진 채였다. 사장이 말했다.

"어제 문 다시 열었어요. 죄다 소독하고…."

방진복을 입은 사람들이 몰려와 빵집 구석구석을 깡그리 소독하는 장면이 눈에 그려졌다.

"고생하셨겠어요."

"…팔던 빵들은 다 폐기했어요. 포장된 것들도 몽땅요. 지금 여기 빵들은 새로 만든 거니까, 사 가셔도 괜찮아요."

"네."

사장은 할 말이 남은 것 같았다.

"그런데, 우리는 어디서 누구한테 보상을 받아야 하죠?"

딱히 대답을 바라는 말은 아니었다. 그저 혼잣말처럼 흘리듯 하는 말이었는데, 말투에 억울함이 묻어났다. 내 가슴에도 울컥 덩어리가 느껴졌다. 흘낏 본 사장의 얼굴은 거의 울 것 같았다. 사장의 아내는 카운터 쪽으로 등을 돌리고 있었다. 다행이었다. 차마 아내의 얼굴마저 볼 자신은 없었기 때문이었.

그들은 기억도 안 나는 누군가가 코로나 확진자였고 그 사람이 하필 다른 빵집이 아닌 이 빵집을 다녀갔다는 이유로 온갖 험한 내용의 항의성 전화를 수도 없이 받았다고 했다.

"너무 화가 나요. 왜 이런 일이 일어났는지."

빵집 사장의 아내는 내내 아무 말이 없었다. 할 수만 있다면 그들 부부의 등을 토닥이며 위로하고 싶었다. 이미 많은 눈물을 흘렸을 그들이었기에 나의 위로는 별 의미도 없을 것이었다. 내가 할 수 있는 일은 그들의 손님이 되어주는 것뿐.

"힘내세요. 얼른 다 지나갔으면 좋겠네요."

동네의 장애인 복지관도 문이 굳게 닫혀 있었다. 사람들을 실어 옮기던 셔틀버스가 주차장에 얌전히 주차가 되어 있었다. 대형, 중형, 소형 버스 세 대는 부모와 아이 같기도 하고 삼남매 같기도 했다. 평소 눈여겨볼 기회도 없었는데, 오늘 보니 분홍, 파란, 노란색으로 색깔도 예뻤다. 버스는 부르릉 달리고 싶지 않을까? 그건 이 시설을 이용하는 모든 분들의 간절한 염원일 것만 같았다.

우울한 모습의 동네지만, 동네를 걷자니 답답함은 사라지고 기분이 한결 나아졌다. 숨통이 트였다고나 할까. 게다가 차를 타고 움직였다면 그냥 지나쳤을 것들이 새삼 눈에 들어오고 많은 것들을 자세히 보게 되었다. 장애인 복지관을 지나 오른쪽 큰길로 접어드니 색다른 풍경이 나타났다. 길 이쪽 끝에서 저쪽 끝으로 노란 길이 펼쳐진 것이다. 영춘화 꽃길이었다. 개나리보다 훨씬 앞서서 핀다는 꽃. 자칫 개나리로 오해할 수 있지만, 봄을 맞이하는 전령과도 같은 꽃. 그 꽃길이 1킬로미터 남짓 노란 장관을 이루고 있었다. 바야흐로 봄이었다.

## 5

 봄은 노란색으로 왔다. 영춘화는 노란 작은 별의 폭포수였다. 나뭇가지에 매달린 작은 산수유꽃은 자세히 들여다보면 환호작약하며 팡팡 터진 노란 폭죽이었다. 비슷한 시기에 핀 생강꽃도 한입 물고 싶을 만큼 앙증맞고 폭신한 솜사탕 같았다. 물이 잔뜩 오른 나무들. 연둣빛으로 뾰족하게 돋아나는 새싹들. 봄을 알리는 천변의 버들강아지들. 마스크를 한 채 걷는 길이었지만 모든 것을 다 잊고 우리 동네의 풍성한 환경과 봄 정취에 어린아이처럼 환호했다. 난생처음 봄을 맞는 것처럼 신기하고 새로운 봄의 발견이었다.
 매일의 동네 산책이 일상이 되고 기대가 커지면서 걷기의 거리를 좀 더 늘리기로 했다. 집 근처 동네를 벗어나 이웃 옆 동네로 걷기 코스를 확장한 것이다. 옆 동네 이름은 '매화마을'이었다. 겨우내 앙상했던 매화나무 가지에 희고 분홍색의 작은 꽃들이 피어나 장관을 이루어 마을 곳곳을 환하게 밝혔다. 꽃을 자세히 들여다보면 여린 꽃잎에 섬세한 수술이 섬세하게 어우러졌고, 아직 피지 않은 꽃망울들은 조금 더 짙은 색의 작은 구슬로 오종종 달려 있었다. 고등학교 시절 수묵화를 그릴 때 다른 사람의 그림을 보고 베꼈던 매화나무였다. 이리 직접 눈으로 자세히 매화꽃을 보게 되다니.
 이 마을 전체를 감도는 은은한 향기는 바로 매화였다. 어쩌면 나는 매화 향기에 이끌려 이곳으로 걸어갔는지도 모르겠다. 매화의 향기는 '향기롭다'는 표현으로 다 담을 수 없었다. 감미롭지만 달콤함은 아니고 유혹하지만 취하지 않는 소박하고 기품 있는 향기였다. 사군자(四君子) 중의 하나가 매화인 이유를 나는 향기 때문이라고 생각했다. 마스크 너머로 코를 벌름거리며 향기를 한껏 음미했다. 향기가 나의 몸 전체에 물들면 좋겠다는 생각이 저절로 들었다. 코로나로 인한 세상 시름을 잊기에 충분했다. 매화 향기의 발견이었다.

　매화마을은 1층에 상가를 둔 크고 작은 다가구 주택이 밀집한 동네였다. 배달을 주로 하는 음식점과 작은 식당들, 미용실과 꽃집 등 상점들을 구경하며 골목길을 기웃거렸다. 골목에는 커피를 볶는 카페나 샌드위치, 스콘, 마카롱, 케이크 등 작은 디저트 가게들이 있었다. 젊은이들의 창업 공간이 대부분이었다. 유동 인구가 많지 않은 주택가 동네 안쪽까지 크고 작은 가게들이 있는 이유는 SNS로 정보를 주고 받는 젊은이들의 소통 방식 덕분인 것 같았다. 코로나 때문에 판매에 영향이 없는 것은 아니겠지만 테이크 아웃이나 택배, 배달 등 판매 방식이 다양하다는 것이 그나마 다행이었다.

　동네 걷기는 골목길 탐방이 되었다. 동네를 이렇게 낯설게 걷는 맛에 지루함을 잊었다. 골목길에는 색다른 가게들이 많이 있었다. 도자기, 금속, 양초, 향기, 뜨개질, 바느질, 꽃꽂이, 앙금케이크 등의 공예 공방과 그림 그리는 화실 등이 그것이었다. 변화하지 않은 지역이라 상대적으로 월세가 싼 이곳이 공예가들의 작업실과 강습을 위한 공간으로 유용한 것 같았다. 유리창 밖에서 전시된 작품들을 구경하면서 골목길을 걷는 재미가 쏠쏠했다. 집에서 걸어올 수도 있는 가까운 곳에 이렇게 다양한 작업 공간들이 있다는 것을 새롭게 알게 되었다.

사람들은 이렇게 다양한 흥미로 자신만의 인생 시간을 보내고 있다는 사실이 새삼 놀라웠다. 오랜 시간 감각과 기술을 익힌 손끝이 대단하게 느껴졌다. 그 손끝에서 자기만의 창의력을 더하여 만들어 낸 예술품들은 누군가에게는 영감을 주고 또 누군가에게는 생기를 주고 아름다움을 더할 것이다. 작품 하나하나는 작가의 감각과 공들인 노력과 시간의 기록. 나는 공방의 유리창 너머로 그 기록들을 보며 감탄하고 있었다. 골목길의 새로운 발견이었다.

아! 동네 책방도 있었다. 이렇게 좁은 골목 안에 책방이 있을 줄은 상상도 못 했다. 나는 오래전에 서점을 겸한 작은 사설 도서관에서 근무했던 때가 있었다. 그 이후 이런저런 직업을 가져왔지만 도서관에서 근무하던 시절이 가장 행복했고 그때 만난 인연들이 지금까지도 정겨웠다. 동네 책방은 아련한 향수를 기억 저편으로부터 소환해 냈으니 나는 책방이 무조건 반가웠다. 동네 책방의 발견이었다!

## 6

그리고 책을 읽고, 음악을 듣고, 휴식을 취했으며,
운동을 하고, 그림을 그리고, 놀이를 하고,
새로운 존재 방식을 배우며 조용히 지냈다.
그리고 더 깊이 귀 기울여 들었다.

− 키티 오메라 〈그리고 사람들은 집에 머물렀다〉 중에서

동네 책방의 문을 열고 들어서니 책방에 손님은 아무도 없었다. 공간 특유의 냄새가 훅 들어왔다. 책의 냄새도 나무 냄새도 아니었는데 바깥 세상과 분리된 다른 공간으로 쑥 빨려드는 느낌을 주었다. 냄새는 향초에서 나는 향기인 듯했다. 백열전구 모양의 노란색 커다란 조명이 특이했고 책방의 분위기를 다정하고 친숙한 공간으로 또는 세련된 곳으로 보이게 했다. 책방지기는 '책방'을 '책빵'이라고 했다. 독서를 마음의 양식을 먹는 행위로 비유한 캠페인이 떠올랐다. 책은 양식이요, 빵은 양식이니 그 비유와 환유가 재미났다.

대형 서점이 없는 것 없이 상품이 구비된 큰 마트 서점이라면 동네 책방은 책방지기에 의해 만들어진 '책이 있는 공간'이라고 하면 좋겠다. 책방지기의 책에 대한 취향과 소신으로 고른 책들은 그림 작가의 소박한 전시장을 방문한 것 같은 즐거움을 준다.

인터넷에 책 정보도 많고 인터넷 서점에서 싸고 편리하게 책을 구매할 수 있고 실용적인 전자책도 많은 세상이다. 하지만 나는 종이 책장을 손으로 넘기며 책 읽기를 좋아하고 연필로 줄을 긋고 메모를 해가며 읽는 구닥다리 독서 애호가다. 인터넷 서점에서 책의 표지나 광고, 서평을 보고 책을 구매할 수도 있지만 직접 서점에 가서 책을 만져보고 책장을 열어보고 책의 목차나 서문 등을 훑어보고는 내 취향에 맞는 책을 입양하는 것을 즐긴다. 그렇게 내 서가에 한 권 한 권 늘어가는 책들은 곧 '나라는 사람'의 기호나 관심, 지향과 생각 그리고 변화 등을 보여주기도 한다.

오케이, 좋았어! 도서관도 문을 닫은 이 난국에 골목길 산책은 그

자체로 즐겁기도 하지만 하나의 목적이 있는 걷기가 될 것이기 때문이었다.

동네 책방에는 동네 책방 상주 작가 프로그램이 있었다. '책빵' 동네 책방에는 소설가가 상주하며 독자와 책과의 만남을 주선하고 갖가지 독서 관련 프로그램을 주도하고 있었다. 덕분에 나와 관심을 같이하는 분들과의 작은 교류의 장이 만들어졌다.

내가 참여한 프로그램은 '한 페이지 소설 쓰기'였다. 한 시간 동안 한 페이지에 기승전결을 갖춘 소설을 쓰는 일에 도전한 것이다. 코로나는 개인 방역 외에 내가 통제 불가능한 상황이지만, 프로그램 참가자가 된 나는 한 시간 안에 완결된 이야기를 만들 수 있었다. 프로그램은 소규모로 운영되고 있었고 상주 작가는 우리들의 결과물을 지도해주었다. 책 읽기는 좋아했지만 직접 소설을 쓴다는 생각은 해보지도 않았는데, 허접한 결과물일지라도 일단 새로운 경험이 신선했다. 코로나가 만들어준 인연인 동네 책방 덕분에 새로운 도전을 하게 되었던 것이다. 글쓰기의 새로운 발견이었다.

우리 모두는 소설 쓰기라는 새로운 경험을 즐기고 있었기에 자연스럽게 자발적인 동호회로 모임을 계속 이어갔다. 인터넷에 카페를 만들어 작품을 공유하고 서로 코멘트를 해주며 쓰기에 열을 내었다. 우리의 글쓰기는 도전을 필요로 했다. 공모전 응모를 위한 '목표가 있는 글쓰기'가 그것이었다. 자신 안의 글쓰기 역량을 최대치로 끌어올려, 몰입하고 창작해내는 괴로운 작업을 시작한 것이다. 그렇게 몇 개월이 흘렀다. 우리 멤버 중 한 명이 당당하게 최우수상을 수상하는 쾌거가 있었다. 우리 모두는 크게 놀랐다. 함께한 열정과 노력의 결과가 눈에 보이는 성과로 입증되는 순간 '꿈이 현실이 되었다'는 사실이 신기하고 경이로워서 우리 모두가 본인이 얻은 결과인 것처럼 축하하고 즐거워했다. 정말 멋진 경험이었고 기쁨과 용기를 주는 사건이었다.

## 7

> 나무에 피어나는 꽃을 문득이라 불렀다.
> 그 곁을 지나는 바람을 정처 없이라 불렀다.
> 떠나가고 돌아오며 존재하는 것들을
> 다시 이름 붙이고 싶을 때가 있다.
> 홀연 흰 목련이 피고
> 화들짝 개나리들이 핀다.
>
> ― 권대웅의 시 〈삶을 문득이라 불렀다〉 중에서

전 인류를 혼란과 두려움에 빠뜨린 코로나 바이러스 창궐. 무기한 무급 휴가로 인한 우울과 불안, 이를 이겨보자고 했던 동네 걷기, 골목길 탐방 중 동네 책방과의 우연한 발견과 만남, 글쓰기 경험과 기대하지 않았던 뜻밖의 성과 등은 내게 인생 사건이 되었다.

소설을 다시 읽기 시작했다. 동네 책방은 이 모든 것을 함께했으며 내 과거와 미래의 완충하는 공간이 되었다. 꿈과 현실을 매개하는 중간 공간이 되었다. 문학을 통해 다시금 나 자신을 돌아보고 이상과 현실의 삶을 관조하게 되었다. 코로나 사태가 가져다준 교훈과 머물고 있는 삶과 새로운 만남 등은 나와 삶과 세상을 지금까지와는 다른 관점으로 보도록 했다. 그래서 난 살아갈 힘을 얻었고 그것은 내 인생에 도전장을 내민 것과 크게 다르지 않았다.

다음 해가 되었다. 코로나는 종식되지 않았다. 나는 직장을 새로 구하기로 마음을 먹었다. 이번 구직 시도는 다른 때와 다른 비장함이 있었다. 일도 일이지만 '낯설게 살아가기'에 도전하고 싶었다. 그동안은 익숙해서 안정되고 편안한 것이 좋았다. 하지만 코로나가 준 변화는 잔잔하게 고인 물에서 벗어나 흘러보고 싶다는 것이었다.

결국 나는 지방의 작은 시골 마을로 이사했다. 구직에 성공했고, 직장을 따라 거주지를 옮긴 것이다. 십수 년 익숙하게 살았던 도시를 떠나 낯선 동네로 오다니, 여행을 떠나온 사람처럼 호기심으로 설렜다. 새 동네에서는 어떤 새로운 것들이 나를 기다리고 있을지…. 무엇보다 가족을 떠나 독립한 것이 내게는 인생 사건이었다. 막연한 기대였는데 막상 현실이 되고 보니 독립은 이래저래 가슴 떨리는 일이었다. 내 삶이 모험이 된 느낌이었다.

대충 이사 보따리를 정리한 후 동네 산책길을 나섰다. 땅거미가 지고 있었다. 복잡한 도시의 삶에서 놓여났다는 사실이 실감이 되었다. 하늘은 드넓었고 가끔 차가 오갔다. 전신주에 매어진 전선들이 하늘을 가로질렀다. 멀리 산이 보이고 또 산이 이어졌다. 드문드문 꽃이 핀 감자밭과 파밭이 푸르렀다. 호박 넝쿨 즐비한 비닐하우스도 보이고 여린 벼를 줄지어 심은 논이 있었다. 무논에는 하얀 새가 오래 머물렀다. 가로수는 내 살던 도시에서 보던 나무와 달랐다. 잎 모양이 특이했다. 튤립나무였다. 지붕이 낮은 집 담장에는 장미꽃이 탐스러웠다. 사위는 점점 더 조용해졌고 적막감이 다가들었다. 주변이 점점 어둑해질수록 개구리 울음소리는 커졌고 멀리 축사에서는 소 울음소리도 들렸다.

저만치 한적한 모퉁이에 간판이 환히 눈에 띄었다. 어두운 숲길에서 인가의 불빛을 만난 듯 반가웠다. 정원이 딸린 작은 카페였다.

카페의 넓은 창 너머로 정원이 예뻤다. 노란색 선연한 꽃들이 하늘하늘 흔들리고 있었다. 커피 향기와 온기에 나를 맡기고 있자니 아늑하고 녹진한 기분이 밀려왔다. 막막한 느낌이었다. 그 틈을 비집고 스멀스멀 기어 나오는 생각이 있었다. 과연 이 시골 동네에 뿌리 내리고 살아갈 수 있을까? 외로우면 어떡하지?

카페에 손님은 나 혼자였고 높은 천장 아래로 음악만이 둥둥 떠다니고 있었다.

'비비디 바비디 부~' 디즈니 만화 영화 〈신데렐라〉의 주제곡이 재즈풍으로 경쾌하게 흘러나왔다. 만화 영화 비디오를 여러 번 봐서 귀에 익숙한 노래였다. 착한 요정이 마술지팡이를 휘둘러 신데렐라의 누더기 옷 대신 아름다운 드레스를 입히는 장면이 떠올랐다. '비비디 바비디 부~!' 하고 지팡이를 또다시 휘두르면 늙은 호박은 근사한 마차가 되었고, 생쥐 두 마리는 마차를 모는 하얀 말로 변신했다. 부엌데기 신데렐라는 궁전의 무도회에 갈 수 있었다. 그녀에겐 느닷없는 선물이었고 꿈같은 하루였다. 이후에 그녀는 달라졌다. 인생도 달라졌고.

'비비디 바비디 부~!' 마술사가 내게도 지팡이를 휘둘렀을까? 공간 이동의 마술~ 낯선 곳으로 나를 데려다 놓은 마술~

음악은 계속 흐르는데 문득 카페가 낯설어졌다. 커피를 마시고 있는 나는 TV나 스크린 또는 펼쳐진 잡지 속에 들어 있는 것 같았다. 여기가 어디인지? 그 모습을 지켜보는 나는 누구인지? 나조차도 낯설었다. 혹시나 이것이 꿈은 아닐까?

이 마술은 내 인생에 선물처럼 주어진 것일지도 모르겠다. 살아온 삶은 이제 너무 익숙해서 낡아져버린 것들일지도 모르겠고. 코로나19는 오래된 것들로부터 나를 등 떠밀어 여기로 떠나보낸 것일지도 모른다. 다르게 살아보라고. 정박해 있지 말고 다른 곳으로 항해하라고. 살아보지 않은 삶을 살면서 더 많이 배우고 너의 다른 모습을 발견하고 경험하고 꽃피워보라고.

그렇게 '문득' 나는 아주 먼 길 위로 흘러와 있었다. 꽃들이 바람에 흔들렸다.

# 솔잎

○ 김서연 ○

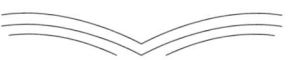

## 1. 책방 봉사 중에 적다

바람이 머리카락을 헝클어뜨리고 도망간다. 이내 빗소리가 토도독 토도독 들린다. 밖에 있으면 괴로울 날씨지만, 실내에 있는 나는 운치를 누리며 글을 쓰고 있다. 책방 봉사 중에 남는 시간을 활용하고 있다. 책방은 큰 동과 작은 동, 총 두 동으로 구성된 컨테이너 건물로, 여주시의 관광지 중 하나인 금은모래강변공원 안에 위치해 있다. 도서관에서 주최하는 그림책 모임에서 만난 멤버들이 꾸준히 모임을 이어가다 보니 책방까지 열게 되었다. 책방 안 책장에 그림책을 비치하고 시민들이 자유로이 출입해 열람이 가능하도록 문을 열어두었다.

아침 7시부터 식사를 준비하고, 아이들을 챙겨서 책방에 도착해 자리를 정리하니 지금은 오후 2시 반이다. 좋아하는 글을 쓰기까지의 예열 시간은 일곱 시간 반인 셈이다. 아이들과 신랑에게 30분만 양해를 구한 뒤, 큰 동에 글 쓸 자리를 폈다.

여성에게도 자기만의 공간이 있어야 한다고 책에서 보았다. 하지만 미니멀리스트가 되겠노라 생각하고 집에 물건을 함부로 들이지 않아 우리 집에는 내가 글 쓸 책상이 있지 않다. 대신 화장대를 정리해서 한 편에 나의 그림 기구와 독서대를 놓았다. 2층 큰 방이고 해가 지는 뷰가 아름다운, 테라스가 있는 방이다.

육아 퇴근(자녀가 잠든 후를 칭하는 육아 용에)만 하면 창조적인 일을 하리라 의지를 불태우지만, 일주일에 과반은 큰 아이를 재우다가 같이 잠들어버린다. 다음 날 아침에 일어나면 '아, 조금 더 힘을 내서 좀 더 쓰고 잘걸' 하고 아쉬워할 새도 없이 다시 출근 준비를 한다. 시간이 나서 화장대에 앉으면 못 낸 공과금 처리, 미뤘던 공인인증서 갱신이나 처리해야 하는 일들이 있어 그것들을 먼저 한다. 그리고 몸이 찌뿌둥한 것 같아 바닥에 누워 스트레칭도 하고. 그런 다음에 글을 쓰려고 하면 이미 충만했던 에너지는 바람 빠진 풍선처럼 쪼글쪼글하게 남아 있다.

그래도 시간이 있다는 사실에 감격하며 글을 한 자 한 자 눌러 적는다. 글을 대략적으로 완성하고 다시 읽어보면 재기발랄하고 위트 있는 다른 에세이들에 못 미치는 느낌이다. 내 입장을 구구절절 변론하고 있는 글이 된 것 같아 실망한다. 아, 왜 이렇게 내 글은 소재만 조금씩 다르고 다 똑같은 내용인 것일까. 곰곰이 생각하다 보니, 내 글이 '진부하다'라는 인식을 한 것이 제일 큰 소득이지 싶다. 쓰지 않았다면 내 글이 진부한지도 몰랐을 것이고, '글 쓰고 싶다' 혹은 '써야 하는데' 하며 시간 탓만 하고 있었을 테니까.

방금 전까지 재난 영화의 주인공이 될 수 있을 법한 날씨를 보고 있었는데, 어느새 비도 멎고 해도 떴다. 오늘은 화장대 겸 책상인 나의 공간에서 벗어나, 책방에서 변화무쌍한 바깥 날씨를 보고 있자니 기분이 상쾌해진다. 비가 갠 뒤 드러나는 청명한 하늘처럼 상쾌한 느낌의 글을 한두 문장만 건져도 좋겠다. 아니, 글 쓸 에너지를 충전만 해가는 것만으로도 좋다. 이제 아이들과 눈을 맞추고, 자원봉사자와 체온계와 출입 명부를 정리하고, 건물을 청소하기 위해 자리를 정리해야겠다. 일상이 글이 되길 바라는 마음도 함께 넣어서.

## 2. 걱정이 남다른 우리 집

우리 가족의 차 안에는 각종 플라스틱 통과 시장바구니들이 걸려 있다. 미래에 아이들이 살아갈 세상을 위해 기꺼이 불편함을 자처한다. SNS에 올라오는 미니멀하고 깔끔한 취향의 인테리어 사진들을 보고 있노라면 부러움에 침을 꼴깍 삼킬 때도 있다. 하지만 다음 세대를 위해 자원을 아끼고자 하는 실천적 삶을 선택하기로 다짐한다.

첫째 아들이 태어난 지 백일이 되었을 때, 코로나19가 시작되었다. 우리 집 아이들을 잠깐 소개하자면, 첫째는 기형아 검사에서 다운증후군 고위험군이라는 결과를 받았다. 아이는 양수 검사의 필요성을 느끼지 못하는 엄마 배 속에서도 무럭무럭 자라 예정일을 열흘이나 넘기고 세상에 나왔다. 신종 전염병의 출현으로 외출이 제한된 시기, 첫째가 6개월에 접어들 무렵 둘째가 생겼다. 둘째는 엄마의 절박유산 증상을 견디며 자궁에 잘 자리를 잡았고 스스로 양수를 터뜨리며 세상에 신고식을 했다. 첫째가 23개월, 둘째가 6개월에 접어드는 지금, 코로나19는 델타 변이까지 생겨 확진자가 며칠간 1천 명을 넘고 있다. 여전히 마스크를 철저히 쓰고 손 소독을 하며 방역에 신경을 쓰는 환경에서 살고 있다.

앞으로 아이들이 자랄 세상은 어떤 세상일까? 코로나19 같은 전염병에도 자생할 수 있는 건강한 면역력이 현재 지구에는 부족하다. 사람들의 무분별한 개발과 자원을 아끼지 않는 행위가 현재의 상황에 큰 영향을 끼쳤다고 생각한다. 기후학자들은 100년 안에 해수면이 상승하여 많은 지형이 바뀔 것이라고도 하고, 환경학자들은 쓰레기의 양이 많아져 육지와 바다 전부 오염된 상황에서 살 것이라고도 한다. 사람들이 욕심을 줄이지 않으면 다음 세대가 먹고사는 일에 곤욕을 겪을 것이 분명해 보인다.

우리 가족은 환경을 위해 몇 가지 규칙을 정해 지켜오고 있다. 주방에서는 일회용 비닐 사용하지 않고, 설거지 비누와 천연 수세미를 쓴다. 장을 볼 때는 친환경 대나무 휴지와 대나무 칫솔 등 친환경 제품 위주로 구입한다. 장바구니 안에 플라스틱 통과 텀블러를 가지고 다닌다. 새것보다는 중고 거래 앱을 이용해 남이 쓰던 것을 구매하기 등등 조금 불편을 감수하면 환경에는 이로운 일들이 생각보다 많이 있다. 완벽하게 지키지는 못해도, 감소하는 쓰레기 배출량을 보며 실천한 보람을 느낀다.

우리 집 근처엔 24시간 운영하는 음식점도 없고, 배달되는 음식점도 한 곳밖에 없다. 그렇지만 오후에는 멋진 노을을, 밤에는 많은 별이 수놓인 예쁜 하늘을 볼 수 있다. 여름에는 논에서 개구리가 울고 겨울에는 설경이 멋진 시골 풍경이 있다. 다음 세대에게도 이처럼 좋은 환경을 마련해주고 싶다. 자연에서 받은 에너지로 사람들과 자연을 아끼고 보호하는 일에 더 많이 이야기를 나누고 싶다. 텀블러를 챙기고 빈 통을 챙기는 것 같은 실천적 이야기를 하며 용기를 주고받고 싶다.

### 3. 좌충우돌 전원생활 적응기

자전거로 국토 종주를 할 때 땅이 넓고 비옥해서 좋아했던 지역, 경기도 여주로 이사 온 지 만 3년이 되어간다. 수화기 너머로 "1억 미만 전원주택은 잘 없다"는 공인중개사님들의 의견에 기대가 점점 낮아질 무렵, 지금 살고 있는 집을 소개받았다. 이층집에 내가 원하던 자그마한 텃밭도 있었고, 강아지들이 뛰어놀 수 있는 마당도 있었다. 하늘의 별이 참 예쁜 집이었다. 첫 번째 본 매물임에도 덥석 계약을 하게 되었다.

막상 살아보니 불편한 구석이 한두 군데 있었다. 우리 집은 다소 날림 공사로 지어졌다는 걸 알게 되었다. 그래서 온도 변화와 습도에 취약했다. 여름엔 에어컨이 없는 2층은 너무 덥고 습했다. 습한 곳에서 서식하는 그리마가 하도 자주 출몰하니 잠을 생각이 없어져 서로 물끄러미 바라보기만 했다. 한번은 현관 천장에 물이 새는 바람에 누전이 되어 정전된 채로 일주일가량 초를 켜고 생활한 적이 있다. 이사 후 처음으로 맞는 한겨울, LPG를 도시가스처럼 팡팡 튼 결과는 혹독했다. 가스 고지서에 찍힌 50만 원이라는 숫자를 만난 것이다. 임신 초기여서 따뜻하게 틀길 잘했다고 스스로를 위로했지만, 가스 고지서의 냉혹한 숫자는 추운 바람보다 더 매섭게 느껴졌었다.

첫해 혹독한 신고식을 거친 뒤, 지금은 집의 사정에 맞춰 적응하며 살고 있다. 이사 2년 차에 우리 집 습기의 가장 큰 원인이 지붕에 차 있던 물이라는 것을 알게 되었고, 물을 빼내고 새로 지붕을 씌우는 큰 공사를 하고는 집이 한결 뽀송해졌다. 여름엔 더우면 에어컨이 있는 1층으로 내려간다. 겨울에는 웃풍이 심해 난방 텐트를 샀는데, 한겨울에도 장판 안 공기는 후덥지근할 정도로 효과가 좋았다. 찬 바닥은 러그를 깔고 웬만한 추위는 그냥 견디며 지낸다.

불편한 점은 이 정도지만, 좋은 점은 셀 수 없이 많다. 논이 보이는 풍경과 노을이 장관인 우리 집에 살다 보니, 원하던 대로 삶의 템포가 자연스럽게 느긋해졌다. 월급날 통장에 찍히는 180만 원으로 사람 네 명과 반려견 세 마리가 야무지게 살고 있다. 유동 지출인 식비를 잘 유지하기 위해 장 볼 때는 신중을 기한다. 결혼하며 집 마련에 빚을 내지 않았고, 신용카드도 쓰지 않고 가진 현금 안에서 생활하는 습관을 들인 점이 외벌이로 바뀐 생활에 적응하는 데 큰 빛을 발했다. 먹을 것을 풍성히 내주는 비옥한 땅들을 보고 있노라면, 굶어 죽진 않겠구나 하고 자신감까지 생긴다.

지금은 장날 시장에서 사 온 아몬드를 입에 톡톡 넣으며 좋아하는 라디오를 들으며 글을 쓰고 있다. 이런 자유는 우리 집으로 이사 오지 않았다면 결코 누릴 수 없었을 것이다. 아직도 조급한 마음이 들 때가 있고, 성격도 여전히 오락가락하며 폭발할 때도 있지만, 삶이 단순해지고 시간의 여유가 생기니 마음도 조금씩 넉넉해졌다. 스스로를 낮게 평가하거나, 조급하게 채찍질하는 묵은 습관을 조금씩 치워낸다. 우리 가족과 집이 서로 맞춰간 과정처럼, 앞으로도 다양한 시행착오를 겪게 되겠지. 이 과정을 묵묵히 지켜보고 터를 내어준 우리 집이 있어 든든한 마음이다.

### 4. 나의 새로운 꿈에 대하여

현재 나는 집 근처 초등학교에서 등교하는 학생들의 체온을 체크하는 방역 보조를 하고 있다. 코로나19로 생긴 일자리다. 아이들이 등교하기 전 미리 출근하여 방역용 앞치마를 하고, 알코올 티슈로 자리를 닦는다. 등교하는 아이들과 반갑게 인사를 하고 열화상 카메라로 체온을 측정하고 손 소독 기계를 이용하도록 돕는다. 9시경까지 세 차례 스쿨버스에서 아이들이 내리고, 주로 늦는 아이들이 다 들어왔는지 확인되면 문을 닫는다. 일한 지 몇 달 만에 아이들이 부쩍 성장하는 모습을 가까이서 볼 수 있었는데, 이런 점을 느끼고는 혼자서 내심 뿌듯했다.

퇴근하며 학교 교정에 설치된 바람개비를 힐끗 바라봤다. 각각 무엇인가 코팅된 것이 붙어 있었다. 자세히 보니 아이들이 꿈을 적어놓은 코팅된 종이가 달랑거리고 있었다. 울퉁불퉁 쓴 글씨가 귀여워 자세히 들여다보니, 의사, BTS, 영부인, 목사, 일러스트레이터 등등 다양했다. 꿈에 대한 이유들을 읽어보는데 입가에 미소가 지어졌다. 예전에 본 유튜브 '세바시' 영상에서 김미경 작가가 말하길, 꿈은 '명사'와 '형용사'로 이루어진다는 내용이 생각났다. 명사는 자기의 정체성이고, 꿈을 발전시키기 위해서는 형용사가 필요하다고 했다. 나도 내 꿈을 다시 되뇌어본다. 그것은 타인에게 온기를 나누는 '따스한' 창작자가 되는 것이다.

  내 새로운 꿈은 시골로 이사를 와서 책을 가까이하며 싹을 틔웠다. 도서관에 갔을 때 처음에는 신혼 살림법과 미니멀리즘에 관한 책에 손이 갔다. 마당 있는 이층집의 살림을 어떻게 꾸릴지 참고가 많이 되었다. 그때 읽었던 내용대로 최소한의 가짓수로 살아가려고 노력하고 있다. 그 후에는 에세이를 종류별로 읽었고, 다양한 분야의 자유로운 글들을 만났다.

  약간 거칠고 투박한 멋이 있는, 인간미가 느껴지는 글이 재미있었다. 개성이 있는 작가들의 글과 그림을 보다 보니 나도 글을 적고 그림도 그리게 되었다. 미약한 솜씨지만, 쓰고 그리는 시간이 즐겁다면 그 자체로 가치가 있다고 생각한다. 배고프다고, 놀아달라고 짹짹거리는 두 아이와 세 마리 반려견을 키우는 입장에서는 잠시 창작하는 시간이 참 귀하다.

  도시에서 살 때는 밥벌이에만 집중해서, 내 삶을 책임지겠다는 근본적인 욕구에는 귀 기울이지 않았던 것 같다. 다른 사람 눈에 보여지는 것에 더 집중했던 과거의 나를 안아주고 싶다. 삶의 중심이 흔들리니 우선순위가 없었고, 그로 인한 긴장은 무언가를 소비하는 일로 풀 수밖에 없었다. 조금 더 내 에너지를 보전하지 못하고 소진하고 채우고, 다시 소진하던 날들을 회상하면 마음이 먹먹해진다. 다른 사람들의 속도에 맞추려 무리하지 않고, 잔잔한 일상에 감사하며, 주변에 좀 더 나누고 베푸는 그런 사람이 되고 싶고, 그런 기록들을 남기는 사람이었으면 좋겠다.

이런 내가 꿈을 꾼다, 자그마한 가게를 여는 것이다. 실천하고 있는 '제로 웨이스트(zero waste)'의 가치를 담아서. 좋아하는 책들을 진열해놓고, 사람들과 만나 함께 책을 읽고 싶다. 그림과 글로 일상을 기록하는 일을 하고 싶다. 우리의 하루하루는 늘 비슷한 것 같지만, 책을 통해 나와 대화하다 보면, 그것을 기록으로 남기면 하루하루가 무척 다르다는 것을 느낀다. 평범한 사람들의 비범한 이야기들을 가까이할 수 있는 그런 공간을 상상해본다. 꼭 꿈이 이루어질 것만 같은 예감이 든다.

### 5. 건강한 기록자

틈틈이 노력하는 것이 중요하다는 생각에, 루틴을 짜놓고 실천하는 일상을 보내고 있다, 밤마다 단짝님과 간단한 동작들로 이루어진 영상을 틀어놓고 홈트를 한다. 지금은 4월 중순이라 저녁에 창문을 열면 선선한 바람이 들어오는데, 이 바람을 맞으며 운동을 하는 기분이 참 좋다. 창문 너머로 들리는 개굴개굴 목청을 높이는 개구리들의 울음소리마저 귀여운 느낌이 든다. 어젯밤은 귀찮다는 생각이 들었지만 같이하는 파트너가 있기에 무거운 몸을 이끌고 요가 매트에 누웠다. 한 동작씩 따라 하다 보면, 역시 하길 잘했다며 스스로에게 칭찬을 하게 된다.

    최근 들어 남는 시간을 활용해 SNS에 일상을 올리고 있다. 기록에 흥미를 느끼게 된 계기는, 지인의 유튜브 채널을 통해서였다. 그는 아이들의 어릴 적 모습을 담은 캠코더 파일을 디지털 파일로 변환시켜 유튜브에 업로드했다. 영상엔 지금은 청년이 된, 아이들의 앳된 모습이 그대로 담겨 있었다. 또 다른 이유는 친정아버지와 통화를 하며 "동영상 자주 보내. 그거 보는 낙으로 산다"라는 말이 전화를 끊고 난 후에도 가슴에 짠하게 남아서였다.

    핸드폰에 영상이 쌓이면 몇 개를 골라 편집하여 유튜브에 업로드한다. 핸드폰 속 사진은 '가족, 먹은 음식들, 읽은 책'으로 분류한다. 어느 정도 사진이 모이면 몇 줄가량의 글을 덧붙여 포스팅한다. 잊힐 뻔했던 소소한 일상을 기억하게 되었다. 지난 기록을 보면 입가에 슬그머니 미소도 지어지고, 핸드폰 용량도 비울 수 있어 좋다. 습작한 그림들을 꾸준히 인스타그램에 올리자 하트를 많이 받게 되었다. 최근에는 둘째의 백일 선물로 가족사진을 그렸다. 사람들의 반응이 꽤 좋았다. 누가 그렸냐는 질문부터, 내 그림을 보고 용기를 내어 본인도 자화상을 그렸다는 분까지 다양한 반응이 있었다.

    이렇게 기록을 남기면서 마음을 드러내는 훈련이 저절로 되었다.

그냥 속으로 꾹 눌러 참거나 혹은 화풀이 식으로 말을 뱉어버리는 경우가 많고, 심하면 갑자기 쌓아둔 것들이 폭발하기도 했다. 그런데 영상으로, 글로, 그림으로 생각을 정리하니 뜻밖에 무의식에 있던 감정들을 발견하게 되었다.

내 안에 지난 일들로 인해 생채기가 남았던 마음의 어떤 부분들도 많이 치유되었다. 좋은 사람들도 많이 만났고 육아 동지도 생겼다. 삶의 만족도는 정신없었던 도시 생활과 비교해 정말 만족스럽다고 말하고 싶다. 욕심내지 않고, 잔잔한 일상에 감사하며, 그런 기록들을 남기는 사람이었으면 좋겠다. 후에 성장한 아이들이 자신이 나오는 영상을 보며 조금은 기뻐해줄까 하는 기대를 해본다. 그날까지 우리 가족의 일상을 기록하는 일을 즐기며 가볍게, 근육을 키우듯 꾸준하게 하고 싶다.

### 6. 친환경적인 노마드 라이프

내가 사는 여주에는 도서관이 많이 있고, 그곳에서는 다양한 프로그램을 운영하고 있다. 육아를 하면 프로그램을 듣지 못할까 걱정했는데, 코로나19 상황으로 줌 모임이 활성화되어 오히려 참여가 늘었다. 오늘 저녁 줌 모임에서는 제로 웨이스트를 실천하며《제로 웨이스트는 처음인데요》라는 책을 출간한 소일 작가와 환경에 관심이 많은 사람들을 만났다. 위키백과에서는 제로 웨이스트를 이렇게 정의한다. 모든 제품이 재사용될 수 있도록 장려하며 폐기물을 방지하는

데 초점을 맞춘 원칙이라고. 작가는 작은 환경 운동가를 자처하며 소비 디톡스를 하고, 화학 제품을 쓰지 않는다고 했다. 한 달 동안 일상에서 환경을 위한 실천을 하고, 단톡방에 인증하기로 했다. 국제적으로 쓰레기들이 얼마나 많이 늘어나고 있는지에 대해 전 세계적인 이슈도 듣고, 실천적인 삶으로 이어지는 유익한 시간이었다.

2011년에 있었던 일본 도호쿠 지방 태평양 해역 지진(속칭 '동일본 대지진')을 겪은 저자의 이야기를 들으며 상상을 해보았다. 갑자기 지진이 나서 대피해야 한다면 내가 가지고 갈 수 있는 짐은 어느 정도가 될까. 일단 모든 옷은 포기해야 할 것이다. 자주 쓰는 전자 기기를 챙기고, 속옷 몇 가지와 볼펜과 공책을 챙겨 떠나게 되겠지. 갑자기 문상을 가게 될 때 필요한 검정 옷가지 정도는 집에 구비해둬야겠다고 생각했다.

내가 이렇게 최소한을 유지하려 하는 이유는, 이 땅에 잠시 머물다 살아가는 존재라는 것을 기억하고 싶어서다. 짐도 이렇게 유지하고, 재정도 그렇다. 우리가 쓸 정도만 빼고는 나머지는 전부 주변에 필요한 사람들에게로 흘러가게 한다. 어떤 것에 매여 있고 욕심을 내는 것을 지양하기 위해서다.

주말을 보내고 만난 회사 동료와 이런저런 이야기를 나누다가 변덕스런 기후에 관한 대화로 흘러갔다. "30년 전인 나 초등학생 때에는 벚꽃 축제를 5월 5일 어린이날 했어요. 당시 사는 곳이 강원도라 다른 지역보다 조금 늦었던 거였을지 몰라도, 지금 참 빨라졌어요"라는 이야기를 동료에게서 들었다. 나는 지구가 점점 뜨거워진다는 것

솔잎

에 마음이 아팠다. 작년 그림 모임에서도 환경에 관한 그림책을 읽으며 기후 위기를 걱정하는 이야기를 했다. 개인의 노력에는 한계가 있다고, 기업과 지자체에서 노력하지 않으면 바꾸기 힘들 거라는 다소 비관적인 의견이 다수였다. 하지만 개인이 변하고 목소리를 함께 낸다면 분명 전과는 차이가 있을 것이다.

　나는 환경 보호를 위해 실천하는 삶을 살고, 이런 활동이 확산되도록 목소리를 보태려 한다. 집 옆에 있는 자그마한 텃밭을 가꾸며 제로 웨이스트를 실천하고 있다. 철 맞춰 시장에서 씨앗과 모종을 사다 심는다. 올해 초봄에도 언니와 파 한 판, 상추 모종, 씨앗, 퇴비를 사 와서 옹기종기 밭에 심었다. 아이들이 텃밭에서 식물들 크면 신기해할 것 같다고, 재미있겠다고 도란도란 이야기를 나누며 하자 힘든 줄도 몰랐다. 지금 밭에는 뙤약볕을 온몸으로 받아내며 호박, 가지, 고추, 토마토가 열심히 영글어가고 있다. 그리고 올해는 내가 속한 시민단체에 길가의 쓰레기를 줍는 '플로깅(plogging)' 프로젝트를 실천하겠다고 제안했다. 이런 시도들이 더 많아져 우리가 살아갈 미래가 좀 더 안전해졌으면 좋겠다. 그리고 환경이 자정 작용을 할 수 있도록 돕고 싶다. 나도 환경을 위해서 귀차니즘을 벗어나는 시도들을 더욱 다양하게 해볼 것이다.

### 7. 한여름 밤에 불릴 이름

　내 이름은 '천천히 서' 자에 '닿을 연' 자를 쓴다. 삶을 천천히 유영

하듯 살라는 뜻에서 부모님이 지어주셨다. 평소에는 기분이 오락가락 줄타기를 하지만, 중요한 일에는 이상하리만치 침착하고 느긋하다. 속 안에서는 몹시 시끄럽고 긴장을 많이 하는 편이어도, 실제로 현장에서 활동할 때는 이름 뜻대로 사는 것 같다.

격동의 20대 중후반, 사회 초년생 시기에 나는 다른 사람들도 이름 지어진 의미대로 살고 있는지 궁금해서 "이름 뜻이 뭐예요?"라고 자주 묻곤 했다. 그 사람 이름에 담긴 역사와 사건들을 듣는 것이 재미있었다. 사람에 대한 기대와 애정이 살아 있던 시절이 있었다. 그랬던 내가 이제 더는 사람들의 이름 뜻을 궁금해하지 않는다. 사회의 때가 묻으며, 깊은 관계를 맺기엔 너무 바쁘고 적당한 거리를 원하는 사람들을 만나며, 겉과 속이 달랐던 사람들에게 상처를 받으며, 나 또한 타인의 마음에 생채기를 내며 애정이 많이 줄어든 탓이다. 타인과 교제할 때 깊숙이 다가가지 않고 적당한 거리를 두기로 마음을 먹었다. 쉽게 판단하고 판단받고, 상처받고 싶지 않았다.

나의 이름이 '-과장님, -씨, -님' 등등 여러 호칭을 달고 불릴 대로 불릴 무렵, 어느덧 내 이름을 듣는 것이 피곤해졌다. 새로운 환경이 필요하다고 본능적으로 느꼈다. 환경을 바꾸기 위해 이사를 했고, 조금 더 나의 이름 뜻에 맞게 살 수 있도록 일상의 궤도를 느슨하게 수정했다.

연고가 없는 지역으로 이사를 와서 도서관 모임을 통해 인연이 생기게 되고, 생활이 문화가 되는 활동을 꾸준히 이어가고 있다. 지쳤던 마음을 보듬어주고자 천천히, 느긋하게 좋아하는 일을 시도했다.

솔잎

지역에서 새로 교제한 분들은 나에게 이름 뒤에 '선생님'이라는 호칭으로 불러주었다. 존중받는 느낌이 들었고, 편안하고 느슨한 그 감정이 좋았다.

나는 책 모임에서 '솔잎'이라는 별칭으로 활동한다. 초록색을 좋아하고, 송충이는 솔잎을 먹고 산다는 속담에서 착안해, 분수에 맞는 삶을 살겠다고 다짐하며 지은 또 다른 이름이다. 실력이 엄청 출중하진 않지만, 꾸준히 동료들과 함께 좋아하는 일들을 벌이고 있는 나에게 어울리는 이름이라고 생각한다.

올해 새로 시작한 줌 모임이 있다. 모임 이름은 '한여름 밤의 책 읽기'로 지었다. 혼자 체할 듯 빠르게 욕구를 해소하려 읽는 것이 아니라, 커피 향을 먼저 먹듯 천천히 음미하며 읽는 책 읽기. 한여름의 뜨거운 열기를 식힐 수 있기를 바라며 이름을 짓고 SNS로 홍보하여 나까지 아홉 명이 모였다.

이 모임에서 멤버들은 각자 이름이 아닌 '별칭'을 이름 대신 부르고 있다. 적당히 거리를 두고, 남녀노소를 막론하고 동등한 입장이 되고자 내가 제안했다. 단체 채팅방엔 인상 깊었던 구절을 나누고, 느낌을 공유하고, 서로 질문하고, 일상에서 깨달음을 놓치지 않고 적용하는 톡들이 하루에 몇 개씩 올라와 틈날 때마다 확인한다. 지난달 첫 모임에서, 느긋하게 책을 읽고 여유를 가지는 시간이 되길 바라는 의도가 어느 정도 실현되어 마음이 좋았다. 생판 처음 본 남이지만, 서로의 별칭을 불러주고 책을 매개로 친밀함을 쌓아가는 이 모임이 어떻게 흘러갈지 궁금하다. 그사이에 멤버들에게 언젠간 자연스럽게 별칭의 뜻이 뭐냐고 물어볼 날이 있을까? 있었으면 좋겠다. 어색하지 않게, 너무 갑작스럽지도, 너무 궁금해하지도 않으면서, 적당한 온도와 거리를 두는 어느 여름밤에 슬며시 물어볼 날을 기다린다.

## 8. 사람 사는 일은 다 똑같은데

뜨거운 햇볕 아래에서도 자유롭게 걸어 다닐 수 있도록 선 캡을 쓰고, 목에 명찰을 건다. 가방에는 설문지와 홍보 책자, 증정용 마스크 몇 개를 챙기고 오늘 방문할 사업장 목록을 확인한다. 핸드폰을 꺼내 어플로 방문할 사업장의 위치를 확인한다. '노동권익 서포터즈'로 일한 지 두 달이 넘어가면서, 조금씩 말하는 것에도 익숙해지고 사업장을 방문하는 요령도 생겼다.

노동권익 서포터즈란 경기도에서 작년부터 시작하여, 내가 살고 있는 여주를 포함한 일곱 개 시군에서 올해 시행하고 있는 사업이다. 각 시군에서 선발된 서포터즈들은 단시간 노동자의 취약한 근로 환경을 개선하고 근로기준법을 홍보하여 사회적 감시망이 원활히 작동하기 위한 일을 하도록 교육을 받는다. 나는 교육을 받고 프랜차이즈 편의점과 카페 등에 찾아가 노동자와 점주를 만나 근로기준법상 최저임금, 주휴수당 등이 지켜지고 있는지 현황 조사를 하고 있다.

나는 다양한 분야에서 단시간 근로자로 일했고, 지금도 단시간 근로를 하고 있다. 근로계약서를 교부받지 못하거나 근로기준법상 주휴수당이나 휴게 시간에 관한 고지를 받지 못한 적이 많았다. 근로기준법상 노동자의 권리에 큰 관심도 없었고, 권리를 운운하다 고용주의 눈 밖에 날 수도 있어 눈치를 본 적도 있었다. 하지만 다양한 사람들을 만나 사회 경험을 한다는 점은 좋았다. 사업장의 점주와 단시간 근로자를 만나러 다니는 업무 내용이 조금은 친숙하게 느껴지는 이유다.

현장에 가보니 단시간 근로자들보다는 사용자들을 더 많이 만나게 되었다. 그동안 단시간 노동자의 입장에서 생각하는 경우가 많았는데, 사용자들의 이야기를 들으니 내 생각이 한쪽으로 치우쳤던 점도 있었구나 하고 깨닫게 되었다. 저소득층 근로자의 근로빈곤 완화를 위해서 지켜야 할 법의 취지는 마땅하지만, 다만 노동 강도의 차이에 관계 없이 일괄적으로 시급을 책정하면 상황에 따라 형평성에 어긋나는 경우가 생길 수 있다고 했다. 정부가 사용자들의 의견도 보다 폭넓게 듣고 수렴하는 과정을 거쳐야 한다는 생각이 들었다.

코로나19 상황으로 새로운 일자리가 생기고 있다. 내가 하고 있는 방역 보조와 서포터즈 업무, 밀 키트를 만들어 파는 음식점들, 배달하는 라이더들, 플랫폼 노동자, 위생용품의 관리와 생산에 관여하는 업체들, 집에서 할 수 있는 취미 활동에 도움이 되는 온라인 클래스 등등 분야도 다양하다. 나는 근로자들을 스치듯 만나기에 그들의 삶을 온전히 경험하지는 못할 것이다. 내가 할 수 있는 범위 안에서 최선을 다해 일하여 그들에게 도움이 되길 바라는 마음과 이런저런 걱정을 하며 출근 준비를 한다. 하지만 늘 그랬듯, 부정적이거나 약한 말은 하지 않고 크게 미소 지으며, 당당하게 임하려고 한다. 다 사람

사는 일은 똑같은데, 뭘 그리 어렵게 생각해요, 하는 동료의 말을 되새기면서.

## 9. 오늘의 못난 나에게

    여름이 초복에서 중복으로 넘어가고 있다. 후덥지근한 공기가 몸에 끈적끈적 붙어 있고, 이글이글 타오르는 태양은 모든 수분을 증발시키려는 듯 타오르고 있다. 논과 밭에 심겨진 작물들은 그 빛을 온전히 받아들이며 열매를 영글기 위해 혼신의 힘을 다하고, 주인들은 잡초와 해충 제거를 위해 드론에 농약을 실어 푸르른 땅 위에 띄워 사방에 농약을 살포하고 있다. 나와 털이 새하얀 강아지 쫑긋이는 곳곳에 심겨진 키 큰 옥수수와 파릇파릇한 고구마 순 사이를 지나며 잎을 밟지 않도록 조심히 걷는다. 길가 곳곳에는 장성한 농작물들이 박스에 담겨 켜켜이 쌓여 푸른 트럭으로 옮겨지고 있다.

    우리 집 세 마리 반려견 중 첫째 쫑긋이와의 산책길 풍경이다. 뜨거운 날씨에도 개의치 않아 할 만큼 쫑긋이는 산책을 정말 좋아한다. 쫑긋이는 매우 활발하고 건강 체질인데, 한쪽 눈에는 시력이 없다. 어느 평범한 날의 아침에, 누구의 탓도 아닌 일에 나는 몹시 분노했고 손에 구둣주걱을 들고 강아지들에게 미친 듯이 소리를 질렀다. 가장 만만한 상대에게 화풀이를 해댔고, 그날따라 항상 내 곁에 있는 쫑긋이는 구둣주걱을 피하지 못하고 오른쪽 눈을 정통으로 맞고 말았다. 그리고 오른쪽 눈의 수정체가 탈구되어 시력을 잃게 되었다.

둘째를 임신한 상태에서도 내 몸에서는 분노의 피가 들끓었던 그 순간, 세상에서 가장 가슴 아픈 날이 되어버렸다. 부모님의 이혼과는 비교조차 되지 않는 슬픔이었다. 아침저녁으로 쫑긋이의 눈에 안약을 넣어줄 때마다 생각한다. 차라리 내가 아팠으면 좋겠다는 말도 소용이 없으니, 남은 생 동안 더 행복하게 지내자고. 시야가 좁아진 너의 산책길을 조금 더 함께 동행하고 싶다고.

그날 이후로 깨달았다. 가족과의 행복한 시간, 반려견과의 산책, 아이들과 맛있는 음식을 먹는 것. 단짝과 사랑을 나누는 일, 좋아하는 사람들과 좋아하는 일을 하는 것이 인생에서 가장 중요하구나. 다른 사람이 좀 상처 주면 어떠니. 너는 그러지 않으면 되잖아. 너도 같은 입장인 적이 있었잖니. 그 사람의 행복을 빌어주고 너는 너의 길을 가면 돼. 너의 새로운 길에서 만날 새로운 만남을 기대하면 더 좋을 거야. 분명 더 좋은 길이 기다리고 있을 거라고 말이다.

갑자기 부정적 기운이 몸에 들어온 것이 느껴질 때면, 심호흡을 한번 크게 하려 노력한다. 너그러운 사람이 되고 싶다고 생각했으면서 그러지 못한 나를 보듬어주려고 한다. 그래, 그럴 수 있지. 오늘까지는 마음껏 아파하고 힘들어하자. 그래도 내일은 조금 더 기운 내고 다른 사람이 되어보자. 인생은 늘 새로운 날이니까. 내가 조금 더 행복해지면 내 곁의 사람들도 조금 더 행복해질 테니까.

꾹꾹 참아온 마음을 표현하기 어려워 가만히 앉아 글로 적자, 나의 마음이 조금씩 드러나 보였다. 글로 생각을 객관화시키니 마음속에 엉클어진 실타래가 조금씩 풀어지는 것 같다. 날이 뜨겁지만 내일 아침에는 쫑굿이랑 아침 일찍 산책을 다녀와볼까. 사랑한다는 말을 세 번씩 꼭 해야지. 그리고 믿어보자. 과거에 아팠고 지금도 힘들지만 앞으로는 힘든 일이 닥쳐도 함께 미소 지어 보일 거라고. 이 글을 읽는 사람들 중 힘든 상황에 처한 사람이 있다면, 심호흡을 하고 감정을 내보냈으면 좋겠다. 그렇다면 이 글을 쓰고 감정을 정리한 보람이 있을 것 같다.

### 10. 행복을 주는 나의 그림 친구

작년부터 드로잉을 취미로 하고 있다. 내가 그림에 용기를 낼 수 있었던 것은 이웃 작가 '사랑주는사람' 덕분이다. 하루는 그녀의 집에 놀러 가 색연필로 그린 그림들을 구경하며, 그림을 몇 년째 그리고 있다는 것을 알게 되었다. 나도 그림을 그리고 싶다고 하니 선 긋는 연습부터 하라고 알려주었다. 그녀 덕분에 굳은 손에 조금씩 기름칠을 하고 작동을 시켜 그림을 그릴 수 있었고, 서로 그린 그림을 공유하며 힘을 내고 있다.

그녀는 일상에서 꾸준히 드로잉을 한다. 스스로 어떤 기준이나 작품성을 요구하며 그리지도 않는다. 일상을 바라보고 재미있는 것이 있으면 재해석하여 본인만의 스타일로 표현해낸다. 처음에는 다소 당혹스러웠는데, 꼭 그림을 똑같이 그리라는 법은 없지 않은가. 익살 넘치는 그녀의 그림을 보고 있자면 자유로움이 느껴진다.

그녀는 미래를 현재로 당겨오는 능력이 탁월한 사람이다. 원고를 써서 책을 발간하는 통념과는 달리, 쿠팡에서 무지로 구성된 책을 사서 그 안에 그림을 그려 선물을 해주는 사람이다. 그림을 그린 후 책을 만든 게 아니라 책을 사서 그 안에 그림을 넣었다. 첫째 아이에게 직접 만든 그림책을 선물해주는 작가의 작품을 보며, '그래, 실력이 부족하다고 주저하지 말자. 웹툰을 구상만 하지 말고 지금 당장 시작하자' 이런 용기가 불끈 샘솟았다.

같이 텃밭도 가꾸고, 아이들이 어린이집에 가면 예전처럼 카페도 가고 장에 가고, 맛있는 것도 사 먹고 싶은데 그럴 수가 없다. 이웃 작가 언니는 겪고 있는 병의 증상이 악화되어 병원에 입원 중이다. 내가 할 수 있는 일은 그림을 그리고 영상을 찍는 일이다. 정말 단순하지만 그녀에게 조금이라도 힘이 되길 바라는 마음을 전해본다.

그런데도 여전히 위로는 이웃 언니가 나에게 보내고 있는 것 같다. 일하느라 바빠 그림은 뒷전인 나보다 언니가 더 그림을 꾸준히 그린다. 속상한 일이 많아도 웃으며 넘어가고, 그림으로 힐링한다는 언니는 내가 보기엔 생활 예술인이다. 어떤 유명한 작가의 웹툰에 뒤지지 않게 재밌고, 따뜻하고, 사랑스럽다.

지난번 통화에 병원에서 그림 치유 프로그램을 듣고 있는데 개인전을 할 것 같다고, 그동안의 그림을 전송해달라고 했다. 나는 그녀의 작품이 담긴 스케치북 한 권을 소장하고 있다. 정성 들여 사진을 전송하고 며칠 뒤, 사진 몇 장이 왔다. 입원 중인 완화의료센터에서 열린 작가 언니의 첫 개인전 '행복을 주는 사람들'의 모습이 담긴 사진이었다. 코로나19 상황이라 병원까지 가서 보지 못한 것이 안타까웠지만, 이모티콘으로 꽃다발을 보냈다. 코끝이 찡해지고 눈물이 흐르려는 것을 간신히 참아냈다.

헉헉대는 나를 보며 여유롭게 응원해주는 언니, 사랑주는사람 작가님. 나의 그림 친구가 되어주셔서 감사합니다. 꿈을 잃고 용기가 필요한 사람들에게, 우리 함께 힘내보자고 손 내밀어주는 언니의 작품에서 큰 희망을 얻어요. 보잘것없고 현재가 엉망같이 느껴진다고 화내지 말고 한번 크게 웃어보자고, 오늘의 염려는 다 털어버리고 맛있는 것 함께 먹자고 손 내미는 언니, 존경하고 사랑합니다.

### 11. 고소한 내음이 나는 글쓰기

나는 글 읽는 걸 좋아한 지는 꽤 되었지만, 직접 써본 경력은 몇 달 되지 않았다. 직접 부딪치고 경험해봐야 하는데 머릿속으로만 뱅글뱅글 돌아다니는 문장들을 잡아서 배열하기가 쉽지 않았다. 그런데 나는 왜 글을 쓰고 있는가. 지난 내 삶을 한번 정리해보고 싶었다. 용기를 낼 수 있었던 계기가 있었다. 자칭 유쾌한 우울가 권주리 님의 '사랑에 장애가 있나요?' 블로그를 종종 방문하는데, 동명의 책을 발간하셨다는 글을 접했다. 얼마 지나지 않아 그녀의 블로그에서 '좋아서 하는 글쓰기'에 참여할 사람을 모집하는 글을 보게 되었다.

그녀 본인의 에세이 출간 경험을 바탕으로, 함께 책을 내기 위해 글을 쓸 모임 구성원을 모집한다는 내용이었다. 4주간 여덟 꼭지씩 쓰는데, 이를 3개월간 한 다음에 한 달은 퇴고를 하고 이후 개인 출판을 하는 과정으로, 이 모든 것은 자발적으로 해야 한다는 내용이 담긴 글을 수차례 읽었다. 비용도 부담할 수 있는 정도고, 기간도 그리 길거나 짧지도 않고 적당한 것 같다고 고민만 하다가, 왠지 가슴 속에 간질간질한 목소리가 "할 수 있어!!"라고 외치는 것 같아 신청을 했다.

한 주에 두 꼭지씩 쓰는 일이 생각보다 쉽지가 않았다. 일상에서 발굴해낸 나의 소재는 참 식상하기 그지없는 것 같았고, 애초에 느슨하게 잡아놓은 목차는 이미 참고도 하지 않은 지 오래였다. 내 글은 산으로 가는 것인가, 안드로메다로 가는 것인가. 초고를 작성하고 퇴고를 하는 작업은 정말 고통스러웠다. 이 정도만으로도 글쓰기는 충분했다. 그런데 지역 도서관의 글쓰기 프로그램과 내가 속한 시민 단체에서 여는 글쓰기 특강에도 참여하겠다고 손을 들었다. 세 달간의 습작을 해보니, 스스로 한계가 느껴진 탓이다. 퇴고 과정에서 다양한 의견을 들어보고 싶어 조금 무리하기로 했다.

글을 쓰면서 느낀 점은, 굳어 있던 내 생각을 일깨워 새로운 시각으로 해석할 수 있게 도와주는 데 탁월한 것 같다. 새로운 시야도 얻고, 마음도 치유되니 일석이조인 셈이다. 그리고 몹시 능동적인 행위라 마음에 든다. 스스로의 생각을 정립하고 이를 바탕으로 선택하고, 후회 없이 살도록 도와주는 역할을 하는 것 같다.

글을 캐고 깎고 다듬고 털어내고 광내고 기타 등등의 작업을 하며 나는 또 얼마나 변해갈까. 정해진 시간을 보지 않고 느낌껏 부풀려서 쪼물쪼물 모양을 잡고, 뜨거운 오븐에 들어가는 시간 같은 퇴고를 지나서, 고소한 냄새를 풍기는 빵 같은 그런 글을 쓰고 싶다.

## 12. 좋아해, 축구

 습작 모임에 글을 올리기 위해 네이버 카페에 접속했다. 당근마켓처럼 이웃들의 글을 볼 수 있는 '이웃 톡' 기능이 신설되었나 보다. 여느 때처럼 맛집 글이나 뭐가 필요한데 어디 가면 구할 수 있냐는 글이면 그냥 지나갔을 텐데, 내 눈길을 사로잡는 글이 있었다. "남녀 혼성 풋살 팀 멤버를 모집합니다!"

 나는 대학생 때 축구 동아리에서 활동했다. 도서관을 가는 길 담벼락에 여자축구 부원을 모집한다는 벽보를 보았고, 나는 창단 멤버가 되어 화요일마다 운동장에 나가 땀을 뻘뻘 흘렸다. 처음 풋살화와 운동화를 골랐을 때의 기억이 아직도 잊히지 않는다. 처음 운동장에 축구화를 신고 발을 디뎠을 때도. 그 낯설지만 가슴속 깊은 것이 간질간질한 느낌. 열심히 뛰어다니다가 이온 음료를 마실 때 온몸에 퍼지는 수분감, 지옥의 전지훈련에서 달리기 연습할 때 점심에 먹었던 라면이 위장을 탈출하려던 기분, 지역 풋살 대회에 참가해 선출이 있는 팀을 만나 핸드볼 스코어로 대패했던 기억, 같은 팀원들의 함성 소리와 욕설, 술 반 피 반이었던 그 시절 혈기 넘쳤던 순간들.

 밥벌이를 하고 결혼과 출산을 거치며 축구에 소홀해지게 되었다. 후배들과 땀 흘리며 공을 찼던 그 시절이 종종 생각이 났다. 축구를 하고 싶어 찾아보면, 내가 속한 지역은 여자축구를 하기 위해서 원주, 이

천, 수원 이런 곳으로 가야 해서 엄두가 나지 않았다. 그러던 중 이웃톡에서 남녀혼성 풋살 팀의 참가자 모집 글을 보게 된 것이다.

　K-리그 울산 팀의 팬인 신랑은 꾸준히 응원하는 팀의 경기를 챙겨보는 등 축구 사랑이 각별한 편이다. 늘 나와 같이 축구를 하고 싶어 했기에, 이 소식을 듣고 신속하게 밴드에 가입했다. 나는 신랑에게 먼저 동태를 살펴보라면서, "내가 대학생 때 축구 동아리였었던 건 비밀이야. 알았지?"라며 아무도 물어보지 않고 궁금해하지도 않을 일을 거듭 확인하며 부탁했다. 가입한 밴드에서 모임 후기를 보니 회원을 모집한 회장님이 코칭을 해주시는 것 같은데, 무뎌진 나의 실력(일까 원래 무뎠던 실력일까)을 보고 놀라실까 싶어서다.

　축구는 혼자서 기술을 연마하는 그런 운동이 아니라서 좋다. 부딪히고 땀내도 나고 넘어져도 손을 내밀어주는 동료가 있어서 좋다. 이번에 풋살 클럽에 가입해서 기본기 연습도 열심히 하고, 진짜 꾸준히 해서 나를 '둔자바리'라고 부르는 가족들과 '네가 무슨 축구냐'며 웃고 마는 지인들에게 제대로 운동하는 모습을 보여주고 싶다. 사실 벤치에서 몸만 풀어도, 축구화만 다시 신어도, 약간 긴장되는 몸으로 운동복의 부드러운 촉감을 느껴만 봐도 엄청 기분이 좋을 것 같다. 코로나19 상황이 지나가면 참가하여 공을 차기로 다짐한다. 역시 좋아하는 일을 하는 것은 좋은 것이다. 꼭 해봐야 한다. 나이가 들어서도, 아이를 낳은 아줌마여도!

# 망할 코로나로 덕 본 썰을 푼다

○ 김원글 ○

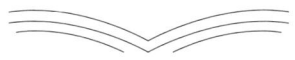

### 1. 복세긋살

아내와 나는 '복세긋살파'다. '복세긋살'이란 '복잡한 세상 느긋하게 살자'라는 의미인데, '복잡한 세상 편하게 살자'라는 말의 줄임말인 '복세편살'을 응용하여 내가 즉흥적으로 만든 말이다. 아무튼 우리 부부는 이러한 성향이라 무언가를 할 때 시간적 여유와 더불어 심적인 여유(그 기준은 순전히 주관적인)까지 고민하고 효율적으로 움직이기를 좋아한다. 때문에 누군가 우리 '때문에' '일부러' 뭔가를 하면, 우리 부부는 그 은혜를 갚고자 하는 조바심에 심적인 여유를 느끼지 못하게 되고 만다. 그리고 이 이야기는 2021년 1월, 둘째가 태어나던 때로 거슬러 올라간다.

둘째의 출산 예정일을 하루 앞두고 병원을 찾았을 당시 담당 의사 선생님에게서 아직 아기가 나올 기미가 거의 보이지 않는다는 말을 듣고 유도 분만 일정을 잡았다. 첫째도 예정일이 무려 열흘이나 지난 후 유도 분만으로 출산했었기에 우리는 덤덤하게 받아들였다. 다만 통증의 강도가 자연 분만이 유도 분만에 비해 훨씬 덜하다는 이야기를 들었던 터라 그게 좀 아쉬웠다.

자연 분만 예정일 아침, 날이 밝았음에도 아내의 컨디션은 평소와 같았고 진행 상황상 유도 분만을 하게 될 것이라고 확신한 우리는 결국 마음을 놓아버린 채 외출을 계획했다. 준비를 마치고 집을 나서려던 찰나, 아내가 화장실을 가고 싶어 했다. 화장실을 다녀온 아내가 손에 휴지 뭉치를 들고 나와 내게 내밀며 말했다.

"이거 '이슬(출산 전 혈액이 섞여 나오는 분비물)' 같은데?"

아내가 내민 휴지에는 정말 불그스름한 빛을 띠는 점액이 묻어 있었다. 이슬이 비친다고 바로 출산을 하는 것은 아니었지만 날이 날인지라 일단 우리는 모든 일정을 취소했다. 그리고 아내는 피곤하다며 첫째를 데리고 낮잠을 자러 들어갔다. 두어 시간이 지났을까? 아내가 잠을 자던 방에서 비몽사몽 걸어 나왔다.

"자기야, 나 양수 터졌나 봐."

우리는 허둥지둥 출산 준비물이 든 가방을 챙겨 병원으로 향했고, 눈보라를 헤치고 저녁 시간 즈음 도착했다. 서너 시간 진통을 겪은 뒤 자정을 넘긴 시각, 둘째는 예정일을 하루 넘겨 자연 분만으로 태어나주었다. 그리고 아내가 입원실로 옮겨 어느 정도의 정리를 마치고 나서야 가족과 지인들에게 소식을 전하기 시작했다. 앞서 말했듯이 복세긋살파인 우리가 출산 직전이나 직후에 가족, 친지, 지인들의 지속적인 면회, 연락 등에 적잖은 부담을 느낄 것이라 우려해 내린 조치였다. 첫째도 출산 후 주변에 소식을 전했는데, 후에 처제는 이러한 조카들의 출산을 두고 '야반도주하듯'이라고 표현하기도 했다.

그런데 또 마침 시국에 맞춰 병원에서 엄격하게 지켜야 할 규칙 하나가 있었는데 바로 '보호자 1인 외 면회 금지'였다. 그리고 이 보호자는 처음 입원할 당시 등록하는 형식이어서 '1인'이면 출입이 가능한 것이 아니라 '최초 등록한 보호자'만 면회 및 병원 출입이 가능했다.

우리의 가족들은 충청도, 경상도, 강원도, 경기도 등 지방 곳곳에 흩어져 있어서 면회가 가능했다면 멀리서 아이를 낳은 우리 '때문에' '일부러' 오셨을 것이다. 우리는 이 부담으로부터 벗어날 수 있도록 퇴원 후 집에서, 그러니까 어느 정도 심적인 안정을 가질 수 있는 기반이 갖추어진 상태에서 손님을 맞고 싶어 했는데, 코로나로 신설된 규칙 덕분에 우리는 편안한 병원 생활을 누린 후, 원하던 대로 나름 여유롭게 손님들을 맞을 수 있었다.

그나저나 아내의 출산을 지켜보신 분들은 아시겠지만, 정말… 엄마는 위대하더군요. 엄지 척! 그리고 출산하자마자 엄마에게 안겨보지도 못하고, 아크릴 벽 사이로 보호자를 마주했던 코로나 베이비들도 건강하길 바랍니다.

## 2. 육아 휴직을 했다가…

이 망할 놈의 코로나가 처음 창궐한 2019년 말부터 2020년 초까지 나는 아내와의 첫째 공동 육아를 위해 '육아 휴직' 중이었다. 아내는

(복세굿실적인 측면에서) 출산 후 집에서 산후조리를 하고 싶어 했고, 나는 호기롭게 "못 할 것 없다"고 답했다. (내 무덤을 내가 판…) 그렇게 우리는 퇴원과 동시에 집으로 향했고, 그렇게 우리의 공동 육아를 시작해 둘째까지도 같은 방식으로 키우는 중이다.

내가 육아 휴직을 하고 아내와 공동 육아를 하고 있다는 것에 대한 주위 사람들의 반응은 "남편 대단하다", "그런 남편 없다"와 같은 것들이다. 무엇이 그리도 대단한 걸까? 육아와 집안일이 여자에겐 당연한 것인데, 남자가 함께한다니 대단하다는 걸까? 나 또한 이런 삐뚤어진 시선을 가졌던 것이 사실이지만 그런 마음을 그대로 내비칠 수도 없고, 나를 '대단하게' 보는 시선도 부담이 되었다. 그래서 그럴 때마다 "일을 하지 않아도 돈을 준다는데 휴직을 하지 않을 이유가 없지 않나?"라고 답하며 얼버무리곤 했다. (진심이 전혀 반영되지 않았던 것도 아니었… 흠흠!)

그런데 불현듯 육아 휴직을 준비하며 눈에 띄었던 관련 기사들 중 요즘 말로 '이거 실화야?'라고 생각할 만했던 기사들이 떠올랐다. '육아 휴직 후 복귀하니 책상이 없어졌다'거나, '팀장이 다시 일반 사원으로 강등되었다'거나 하는 도시 괴담 같던 육아 휴직 후기를 다룬 실제 기사들 말이다. 그랬다. 육아 휴직을 쓴 남편이 '대단'했던 것은, 이렇게 불안한 우리나라의 사회생활에서도 가정을 선택한 그 '용기'였던 것이다. 뿐만 아니라 급여도 줄어들게 되니 육아 휴직이라는 결정은 그 책임감과 무게감을 아는 사람들에게는 실로 대단해 보일 수도 있겠다 싶었다.

하지만 나의 업무는 앞서 언급한 불상사들이 발생할 만한 환경과는 거리가 조금 멀게 느껴지는 일이다. 바로 전화 상담 업무다. 이 업무는 특성상 문의 내용에 대해 정확한 매뉴얼을 전달하여 해결책을 제시하면서 자신의 상담 건만 신경 쓰면 되는, 반복적이고 개인적인 성향이 강한 편이다. 때문에 함께 합을 맞춰 프로젝트를 꾸준히 진행해야 하는 등의 업무 방식에 비해서는 휴직에 대한 부담이 낮다고 할 수 있겠다. (이는 극히 주관적인 해석이자 부분적인 예시다. 책임 막중한 업무임에도 앞서 언급한 것과 같은 불이익 없이도 육아 휴직을 허락해준 회사와 이러한 회사에 다닐 수 있게 해주신 주님께 찬양과 경배를!)

그런 나도 육아 휴직을 썼다가 업무상 큰 변화를 맞은 적이 있었다. 첫째 육아에 몰두하고 있던 내게 회사로부터 전화가 걸려 왔다. 회사에서는 내게 아이가 6개월이 되는 시점에 복직이 가능하겠는지 물어왔다. 그 이유는 바로 (이놈의 망할) '코로나'였다. 바이러스가 발생한 후 정부 기관에서 만든 코로나 관련 시스템의 상담 팀을 단기로 꾸려야 하는데 내게 복직하여 그 팀의 '팀장'을 맡아줄 수 있겠냐는 것이었다. 단기 프로젝트 팀이라 하더라도 팀장 대우는 확실하게 해준다는 조건이었다. 육아 휴직을 썼다가 강등당하거나 자리를 잃는 경우도 많은데 나는 오히려 승진(?)을 경험하게 된 것이었다.

실제로 나는 이 제안을 받아들여 짧지만 팀장을 역임했다. 해당 팀이 해산한 이후 나는 다시 일반 상담사가 되었으나 이 기간 나를 좋게 봐주신 상사분들께서 내게 여러 좋은 제안들을 해주시기도 했다. 하지만 성질 급한 (부모의 성질이 급했는지, 아이의 성질이 급했는지 모르겠지만)

둘째가 금방 찾아오는 바람에 그 제안을 수락하지는 못했다.

한편 이러한 현실에서도 생계유지를 위해 직장에서 힘들게 업무를 하고, 퇴근과 동시에 육아 출근을 하는 부모들과, 홀로 집안일과 육아를 위해 자신의 사적인 영역을 내려놓고 육아를 감당하는 부모들, 혹은 일하느라 아이를 가까운 친인척 혹은 기관에 맡기며 퇴근 후 날아가듯 자녀에게로 향하는 모든 부모들에게 깊은 존경과 응원, 감사를 전하며 여러분을 축복합니다!

### 3. 패션 왕

첫째 육아 휴직 후 복직을 할 때 나는 경기도 여주에 살고 있었다. 회사는 서울에 소재해 집의 문을 열고 나서서 사무실 문을 열고 자리에 앉기까지 두 시간 정도가 소요된다. 아내와 나는 지방 출신이지만 서울에서 만났다. 결혼 후에도 한동안 서울 생활을 이어왔으나, 서울의 삶이 복잡하고 번잡하게 느껴져 우리는 결국 서울을 떠나기로 마음을 먹었다.

여담이지만 우리는 (복세편살에서 굳이 '편'을 '굿'으로 바꿀 정도로) 느긋함과 여유를 얻을 수 있다고 판단되면 어느 정도의 '불편'도 감수하는 편이다. (그런 불편에서부터 오히려 느긋함과 안정감을 느끼기도 한다.) 그래서 우리는 텀블러를 가지고 카페를 가고, 배달을 시키기보다는 용기를 챙겨 식당이나 시장을 직접 찾으며, 물티슈 등 일회용품을 최대한 지양하고 친환경용품을 사용하려 노력하며 살아가고 있다. 이러한 성향이 우리를 보다 한적하지만 서울과 완전히 동떨어지지는 않은, 하지만 어떠한 연고도 없던 '경기도 여주'라는 도시로 이끌었고 두 시간 남짓한 출퇴근 시간도 감수하게 만들었다.

다시 본론으로 돌아와서 이렇게 여유를 찾아 연고가 전혀 없는 낯선 도시에서의 삶은 꽤나 혹독했는데, 특히 출근 시간에 깊게 체감할 수 있었다. 여주에서도 서울까지 지하철을 이용하여 왕래가 가능하지만 배차 간격이 긴 편이며 여러 번의 환승도 필요하다. 9시까지 출근을 하기 위해서 아무리 늦어도 7시 5분에는 지하철을 타야 한다. 때문에 집에서 6시 30분에는 출발해야 여유가 있었다. 지하철역까지의 이동은 자가용을 자주 이용했으며 날씨가 좋을 때는 자전거를 이용하기도 했다. 간혹 걸어가야 하는 사정이 발생하기도 했는데 자가용으로는 10분 정도 소요되는 거리가 걸어서는 한 시간이 걸렸다.

그래도 나는 출근을 나름 즐기는 편이었다. 먼저 여주가 종점인 경강선을 타면 반대쪽 종점인 판교까지 가야 했는데, 2016년 신설된 열차는 나름 쾌적했고 창밖 경치를 구경하다 보면 마치 여행하는 기분까지 들었다. 게다가 글쓰기 같은 취미를 즐길 시간적인 여유도 있었다. (결국 부족한 잠을 지하철에서 채우는 경우가 가장 많기는 했지만…) 그래도 완벽한 부지런함을 갖추지는 못했던 탓에 머리를 감지 못하고 출근하는 경우가 많았는데 이런 상황에서 이 망할 바이러스가 도움이 되었던 것이 바로 모자 착용이었다.

우리 회사가 원래 복장 규정이 까다롭지는 않다. 그렇다고 매일같이 모자를 쓰고 출근하는 것을 좋게 볼 회사가 어디 있겠는가? 하지만 마스크가 필수품이 된 후 마스크 걸이가 부착된 모자도 출시되고, 비말 등 바이러스 감염 가능성으로부터 최대한 몸을 지켜야 할 필요성이 대두되면서 모자 착용에도 어느 정도의 당위성이 부여되게 되었다. 물론 그렇다고 해도 주야장천 매일같이 모자를 쓰고 다니는 사람은 나밖에 없었다.

그런데 또 생각해보면 회사에서 '원래 저런 사람'으로 보았던 것은 아닐까 하는 생각도 해본다. 무슨 얘기냐면 나는 옷을 잘 입고 싶은 욕구가 있다. 그래서 서울에 살며 출퇴근을 여유롭게 할 당시 코디나 헤어스타일에 신경을 많이 쓰는 편이었는데 적당한 정장 차림으로 출근하는 남성 사원이 대부분이었던 회사에 나는 꽤 신선한 자극이었던 모양이다. 그래서 어느 날 회사에서는 망년회를 앞두고 직원들의 투표로 '친절 왕', '꿀 성대' 등을 선발하는 프로모션을 진행한 바 있는데, 여기에 '패션 왕'이라는 종목이 신설되었다. 다른 동료 분들에게도 내가 많이 튀어 보였는지 결국 내가 1등이 되었고 이후 회사에서 나의 별명은 패션 왕이 되었다. (맞다. 부끄럽다.) 회사에서 나의 존재감이 이렇다 보니 내가 모자를 쓰고 출근하는 것이 한편으로는 낯설지 않아 보였을 수도 있겠다는 생각도 해보게 된다.

그러고 보니 회사에 참 고마운 점도 많고, 추억도 많다. 함께했던 동료들과 편의를 봐주신 상사님들에게 다시 한번 진심으로 감사함을 전합니다.

## 4. 반주

마스크 얘기가 나와서 말인데 가끔 늦잠(서울 거주자들과 비교하자면 늦잠이라고 표현하기 어려운 시간대였지만)을 자거나 했을 때는 이도 닦지 못한 채 출근하는 날도 종종 있었다. 이럴 때 마스크는 내게 이전과는 다른 자신감을 부여해주었다. (계속 이런 더러운 이야기만 하려는 것은 아니지만.) 이처럼 입을 포함해 얼굴의 반 정도를 가려주는 마스크 덕분에 내가 마음 편하게 누렸던 한 가지가 있었는데 그것은 바로 반주(飯酒)다.

나는 술을 많이 마시지는 못한다. 게다가 얼굴도 금방 붉어진다. 하지만 이와 같은 위험에도 불구하고 나는 오전에 쌓였던 스트레스를 풀고 기분 전환을 하고자, 또 오후를 버틸 힘을 충전하는 목적으로 점심시간에 반주를 즐겼다. 동료들과 함께 밥을 먹으며 반주할 때에는 보통 한 병, 또는 인원이 많을 경우 두 병까지 시키기도 했다. 혼자 마시는 것은 아니었기에 많이 마셔도 두세 잔이었다. 한데 코로나로 점심시간이 세분화되면서 혼자 점심을 먹는 경우가 종종 발생했고, 시키는 병 수는 똑같이 한 병이어도 마실 입이 줄게 되니 결국 내가 마시는 양이 더 늘어날 수밖에 없었다. (아싸)

여기서 포인트는 내가 마시는 양이 늘어난다는 것이 아니라(아닌 거 확실해?) 반주 후 붉어진 얼굴을 가릴 수 있다는 것이었다. 제아무리 스스로 감당할 수 있는 정도로 마신다 하더라도 업무를 봐야 하는 사무실에 얼굴이 붉어진 채 앉아 있는 모습은 보기 좋지 않았을 것이다. 하지만 마스크가 얼굴의 반을 가려주었고, 게다가 모자까지 쓰고 다닌 덕에 얼굴의 노출 면적을 더욱 줄일 수 있었다. 덕분에 나는 알코올 섭취로 붉어진 얼굴을 잘 가린 상태에서 오후 업무를 진행할 수 있었다.

다만 마스크가 냄새까지 막아주지는 못했기에 점심 식사 후에는 꼭 충분히 양치질을 할 시간을 확보하는 것이 필수였다. 그래도 업무 중에는 칸막이가 설치된 책상에서 모니터만 바라보며 업무를 진행할 수 있었으니 나름 완전범죄라 자평(自評)하겠다.

그런데 그 일탈의 즐거움에 너무 취했던 것일까? 내가 한 가지 간과했던 것이 있었는데 그것은 바로 '발음'이었다. 좀 급하게 마신 날이나 피곤한 상태에서 마신 날은 취기가 평소보다 많이 올라와 발음이 온전하지 않은 경우들이 발생했다. 물론 업무 진행에 차질이 있을 정도는 아니었고(아닌 거 확실하나고.) 내가 온 정신을 집중하여 최대한 티가 나지 않도록 노력을 했지만, 그래도 한 번씩 온전치 못한 발음이 나올 때가 있었다. 아마 나의 상담을 받았던 분들 중 예민하신 분들은 눈치를 채셨을 수도 있지 않았을까 싶다.

그나저나 여러분, 너무 스트레스를 받고 살지 맙시다! 제가 소소한 일탈을 즐겼던 것처럼, 스트레스가 쌓이면 (남에게 피해를 주지 않는 선에서) 꼭 풀어내고 살자고요. 우리 모두 힘냅시다! 응원합니다.

### 5. '온 마을'의 위력

'한 아이를 키우려면 온 마을이 필요하다'는 말을 아는 분들은 아실 것이다. 나는 최근에 실제로 온 마을이 '한 아이'에게 집중하는 순간을 체험했는데, 그 힘에 가히 압도당하고야 말았다.

5일 장인 동네 시장의 장날이었다. 나와 아내는 시장에서 함께 점심을 먹고 아내는 출근을, 나는 장을 보고 귀가할 계획이었다. 둘째는 내 품에서 우리와 함께였다. 그렇게 우리는 몇 가지 구매 목록을 정한 후 점심을 먹기 위해 식당으로 이동했다. 여기까지는 우리의 계획대로였다. 그런데 밖에서는 잘 안겨 있던 아기가 실내로 들어와 자리에 앉으니 아빠의 '뱃살'에 눌려 갑갑했는지(아빠가 잘못했네…) 울기 시작했다.

나는 며칠 전 야외에서 그렇게 우는 아기를 품에 안고 재운 적이 있었기에 우선 아이를 안고 식당 밖으로 나왔다. 주문한 음식이 나오자 출근을 해야 하는 아내가 어쩔 수 없이 먼저 먹기 시작했다. 우리는 식당 유리창 너머로 서로 눈을 마주치며 눈빛으로 안타까움과 위로를 건네며 소통했다. (당시 우리의 눈빛은 여느 멜로 영화에 뒤지지 않을 정도로 애잔했다.)

아이는 아내가 어느 정도 든든히 먹은 시점에 잠이 들었다. 나는 다시 식당 안으로 들어가 천천히 움직이며 둘째를 안은 채 점심을 먹기 시작했고, 아내는 결국 시간이 되어 먼저 자리에서 일어섰다. 나는 서둘러 음식을 먹고 빠르게 장을 본 후 얼른 귀가하는 것이 좋겠다고 판단했다. 그래서 서둘러 음식을 입에 밀어 넣고 있는데, 갑자기 움직임이 커졌던 탓이었을까? 아이가 깨고 말았다. 잠에서 깨어 다시 품에서 울고 있는 아기를 안은 채 남은 음식을 마저 입에 넣고는 얼른 식당을 빠져나왔다. 마침 분유를 먹을 때가 되었던 둘째는 눈물로 배고픔을 호소하고 있었다. 하지만 아이의 분유는 차에 있어 즉시 아이에게 분유를 먹일 수 없는 상황이었다.

그렇다면 (어김없이 등장하는 복세굿살적인 측면에서) 효율성을 따져봤을 때 어차피 차로 돌아가야 하는 상황이니 그 길에 지나치는 상점들에서 정말 필요한 한두 가지만 재빨리 사면 되겠다는 (다소 느긋하지만 나름 효율적인) 결론을 내리게 되었다. (이 결론이 내게 그런 엄청난 경험을 가져다주리라는 것을 그때는 알지 못했다.) 그리고 아직 말을 하지 못하는 아이들에게는 울음이 하나의 언어이자 표현이기 때문에 아이들이 우는 상황에서도 너무 당황하지 않고 적당한 여유를 가지는 것이 문제 해결에도 도움이 된다는 것을 경험과 여러 이론 및 조언 등을 통해 알고 있었다. 게다가 아이의 패턴과 우는 이유는 파악이 완료되었고, 어차피 차로 가지 않는 이상 해결방법이 없는 상태였기에 내려진 결론이었다.

허나 둘째는 잠에서 깬 짜증에 허기까지 겹치면서 시작부터 찢어지는 울음을 터뜨렸다. 이 소리는 곧 주변 사람들의 이목을 집중시키기에 충분했다. (누구 아들인지 목청이 정말…) 그러자 주변 할머니들과 어머님들이 내게 다가와 조언(이라 쓰고 '훈구녕'이라 읽어야 할 듯)을 시작했다. "왜 이렇게 더운데 아기를 품에 꼬옥 안고 있느냐? 아기가 더워서 그러는 것이다"는 의견부터 "아기가 엄마 냄새가 그리워서 그렇다. 엄마가 있어야 하는데…", "아기가 배가 고픈가 보다" 등 여러 조언(그래! 조언이다!)들이 여기저기서 쏟아졌고, 나는 그 시선과 조언들에 등 떠밀려 결국 아무것도 사지 못한 채 주차장으로 이동했다. 그런 내 등 뒤로 어떤 어머님은 "아빠가 아기 보는 게 어설프다"고 한마디를 더하셨다. 결국 나는 1년 정도 육아 휴직을 하고, 아들 둘을 전담하다시피 키우면서도 아직 육아에 '어설픈' 아빠가 되었다. (이후 알게 된 사실인데 아이의 울음, 즉 징징거리는 소리가 짜증을 유발시키는 소리 중에서도 1위라는 미국의 연구 결과가 있다고 한다. 그러니 온 신경이 집중됐을 수밖에.)

  이때에도 나는 마스크의 덕을 톡톡히 보았다. 당시 나는 당황스러움과 더위에 표정이 썩 좋지 못했는데, 마스크가 없었다면 그 표정이 그대로 노출되어 나의 인성이 만천하에 공개될 뻔한 순간이었다. 그랬다면 그 순간 주변에 계셨던 어르신들께 두고두고 너무나도 죄송했을 것이다. 결론적으로 우리 둘째를 걱정해주셔서 해주신 말씀들이셨을 텐데 말이다. 그렇게 나는 간신히 차에 도착해 둘째의 기저귀를 갈아주고 분유를 먹였다. 예상대로 둘째는 배가 부르고 상쾌해진 기분으로 안정을 찾게 되었지만 나는 넋이 빠져 결국 아무것도 사지 못하고 귀가했다. (나약했군.)

  여기서 내가 하고자 하는 말은 '우리는 혼자서도 너무너무 잘하니 아무 참견 마시라'는 것이 아니다. 실제로 우리 부부도 주변의 큰 도움들에 힘입어 지금까지 이렇게나마 아이들을 키워올 수 있었다. 그래서 이번 일을 통해서도 마을 분들이 힘을 합쳐 아이를 귀하게 여겨주심을 크게 느꼈고 너무도 감사하게 생각한다.

  '한 아이를 키우려면 온 마을이 필요하다'라는 말 속에는 이와 같이 주변의 아이를 향한 도움뿐만 아니라, 아이가 마을 안에서 성장하며 공동체의 구성원으로서 교류하는 법을 배우는 것이 중요하다는 뜻도 담겨 있다. 공동체에서 상호 작용하며 성장한 개인은 다른 사람을 돕고 배려할 줄 아는, 인성이 바른 사람이 될 확률이 높을 테니 말이다.

나는 주변에서 "나중에 아이가 어떻게 자랐으면 좋겠느냐"고 물으면 "가해자가 되지 않았으면 좋겠다"라고 답하고는 한다. 이 안에는 인성이 바르고 타인을 배려할 줄 알며 몸도 마음도 건강한 아이였으면 좋겠다는 의미가 내포되어 있다. 그런데 이렇게 극단적으로 표현한 것은 내가 다른 사람들에게 많은 상처를 입히며 자라왔기 때문이다. 나는 학창 시절 약자에게 강하고, 강자에게 약한, 약강강약의 '비열하고 지질한 놈'이었다. 타인을 배려하지 않았고 쾌락을 좇으며 자라왔다. 그런 이기적이었던 모습들이 약 20년이 지났음에도 여전히 가장 후회되고 잊히지 않는, 잊을 수 없는 나의 과거들이다.

누군가에게 상처를 주고 아프게 하는 행동은 어떠한 경우에도 용납될 수 없고, 또한 결코 옳지 않은 행동이다. 그리고 이 과거들은 두고두고 큰 죄책감으로 남게 되고 늘 나 자신을 부끄럽게 만든다. 아마 아내와 주님을 만나지 못했다면 여전했거나 더한 놈이 되어 있었을지도 모를 일이다. 그래서 아이들은 바르고 옳은 사람으로 성장하여 이웃을 사랑하고 배려하며 행복하게 자랐으면 하는 마음이다. 그런 의미에서 온 마을의 힘은 실로 대단하다.

아들들아, 너희와 너희 엄마는 아빠를 항상 바른 사람이 되고 싶게 만들어준단다. 이러한 선한 영향력을 잘 간직하고 성장해다오. 고맙고, 사랑한다.

## 6. 제주도

   나의 첫 제주도 여행은 아내가 둘째를 배 속에 품고 첫째의 육아를 전담하던 중에 태교 여행을 원하면서 추진되었다. 덕분에 나는 2020년, 그러니까 30대 중반이 되어서야 '처음'으로 제주도를 방문할 수 있었다.

   우리가 여행을 떠날 시기에 제주도는 집단 감염 이슈 등의 혼란이 지나간 후, 해외여행이 불가능해진 상황에서 사람들이 국내 여행지로 눈길을 돌리며 내국인들의 방문이 다시 활발해진 시기였다. 덕분에 우리 가족도 방역 수칙을 철저히 지키자는 다짐 아래 제주도 여행에 용기를 낼 수 있었다.

   드디어 출발하는 날이 되어 공항에 도착한 나는 최근 뉴스로 전해 듣기만 하던 한산한 공항의 모습에 놀라움을 감출 수 없었다. 지금껏 공항을 이용할 때면(제주도를 못 가봤다고 했지, 비행기 안 타봤다고는 안 했다.) 늘 평일, 주말 가리지 않고 북적거리던 모습만 봐왔기에 이 여유로움은 마치 공항을 전세 낸 듯한 착각까지 불러일으킬 뻔했다. 그래서 연휴를 낀 여행이었음에도 너무도 마음이 편했고, 특히 첫째의 흥에 겨운 고성과 식당에서의 드럼 연주(젓가락과 그릇들을 이용하면 식당에서도 금세 멋진 드럼을 연주할 수 있다.)에도 눈치를 조금은 덜 볼 수 있었다. 그렇게 우리는 여유로운 마음으로 비행기에 오를 수 있었다.

   하지만 비행기 안에서는 그야말로 눈이 휘둥그레질 수밖에 없었다. 어디들 계셨던 것인지 빈자리는커녕 모든 자리에 탑승객이 앉아 있는 것이 아닌가! 우리는 마음의 여유를 잃고, 비행기에 탑승하기 전부터 가장 걱정했던 상황을 다시 떠올리며 초조해하기 시작했다. 그것은 바로 이륙 후 터져버릴 수 있는 아이의 울음이 걱정되었기 때문이다. 비행기가 이륙할 때 발생하는 기압 차에 불편을 느껴 많은 아이들이 울게 된다는 이야기를 익히 접했는데, 아이가 울음을 터뜨리면 그칠 때까지 다른 승객분들에게 꼼짝없이 폐를 끼치게 되니 이는 상상만으로도 아찔했다. 그럼에도 여행을 결정한 것은 우리였고, 계속 걱정만 한다 한들 달라질 것은 없었다. 비행기는 결국 이륙했고 우리는 주님만 붙잡으며 초긴장 상태를 유지했다. 그런데 이게 어찌 된 일인지 아이가 내 품에서 '스르르' 잠드는 것이 아닌가! 그리고 아이는 그 상태로 제주도에 도착했다. 우리는 아이와 하나님께 너무 감사했고 덕분에 마음 편히 첫 번째 숙소에 잘 도착할 수 있었다.

우리가 제주도에서 묵었던 숙소 중 한 곳은 원래 아내가 친언니처럼 따르는 언니와 함께 제주도 여행을 계획하며 선택한 숙소였다. '할망집'이라고 하는 이 숙소는 제주도에서 홀로 거주하시는 어르신들의 가정집에 여유 있는 방을 여행객들이 사용할 수 있도록 내어주는 하숙방 같은 형태다. 그런데 이 방의 최초 예약 시점에 하필 코로나가 유행하면서, 언니와 아내는 당장 여행을 가기가 어렵겠다고 판단해 할머니께 연락을 드렸다. 당연히 취소될 것으로 예상했지만 할머니의 대답은 "언제든 편할 때 오라"였다. 그런 할머니께 환불 이야기는 도저히 입이 떨어지지 않아 그 상태로 예약이 된 채 몇 달을 묵혀둔 방이었다. 그리고 (아내와 언니가 합의한 후) 이번 가족 여행을 위해 거의 9개월 만에 할머니께 다시 연락을 드렸는데 할머니께서는 단박에 기억을 하시고 우리가 원하는 날짜에 예약을 받아주셨다. 할머니께서는 너무 친절하셔서 우리는 편안히 쉴 수 있었고 할머니 댁의 넓은 부엌에서 오랜만에 야식도 마음껏 (하지만 조용히) 누릴 수 있었다. 위치도 성산일출봉 바로 앞이었기에 다음 날 아침 일찍 여유롭게 구경하고 그곳의 수제버거 맛집까지 섭렵할 수 있었다.

돌아오는 비행기 안에서 아이가 약간 보챈 것을 제외하면 나의 첫 제주도 여행은 너무나 즐겁고 여유로운 기억으로 남아 있다. 복세굿살의 취지에도 아주 딱! 들어맞는 여행이었기에 그 즐거움이 배가 되었다. 요즘도 가끔 체력적으로 지치거나 할 때면 한번씩 제주도의 푸르른 하늘과 바다, 그리고 시원한 바람, 정다운 할머니 등이 너무도 선명하게 기억이 난다. 여행 당시 '제주도 한 달살이' 중인 한 가족을 만난 후, 아내와 우리도 언젠가 꼭 '한 달살이'를 하자고 약속했었다. 지금도 그날을 기약하며 푸르른 제주도를 떠올린다.

제주도야, 기다려라! 꼭 가서 한 달간 지내며 그 풍경을 물릴 때까지 눈에 가득 담아올 테다!

## 7. 교회는 건물이 아니다

나는 하나님을 믿는 기독교인이다. 코로나가 한창이던 때, 우리 기독교가 화제의 중심이었던 순간이 있었다. 종교적인 취지에 맞게 선한 영향을 미치는 일이었다면 참 좋았겠지만 아쉽게도 그런 것은 아니었다. '신천지라는 이단 교회의 대면 예배와 이에 참여했던 성도의 거짓말', 그리고 '모 목사와 그의 신도들의 광화문 대규모 집회 참가' 등 확산세에 고삐를 당기는 역할을 하면서 혼란을 야기하고 뭇매를 맞은 것이었다. 그럼에도 불구하고 일부 교회들이 계속해서 대면 예배를 강행하며 확진자는 계속 늘어났고 이로 인한 기독교의 부정적인 여론이 더욱 강해졌다.

코로나가 창궐했을 당시 정부에서는 바이러스의 전파력을 우려하여 실내 모임, 대규모 집회, 예배·미사·법회 및 식사 등에 대한 참여 인원을 규제했다. 이후에는 대면으로 예배·미사·법회를 진행할 수 없도록 강수를 두기도 했다. (이와 관련해 법원은 2021년 7월 16일 전체 수용인원의 10퍼센트까지만 참석하고, 서로 여덟 칸씩 띄어 앉는다는 수칙을 지킨다면 예배·미사·법회를 진행할 수 있다고 결정했다. 다만 방역 수칙이나 집합 금지 명령을 위반한 전력이 있는 종교 단체나 확진자 발생으로 인해 폐쇄된 전력이 있는 종교 단체는 대면으로 진행할 수 없고, 예배·미사·법회 외의 모임, 식사 등 다른 행사는 진행할 수 없다.) 이러한 가운데 여러 교회에서 온라인 플랫폼을 이용한 비대면 예배를 진행하기 시작했고 그 수는 점점 늘어났다. 하지만 일부 교회에서는 온라인 비대면 예배는 집중력이 저하된다는 등의 이유로 계속해서 대면 예배의 필요성을 강조하고, 혹자는 교회 예배당에서 드리지 않는 예배는 예배가 아니라고까지 주창하며 혼란은 더욱 고조되고 있다.

기독교에서는 주일(일요일)에 교회에 모여 예배드리는 것을 '주일성수'라고 말한다. 주일은 하나님께서 천지를 창조하신 후 7일째 되는 날로, 안식을 누리신 날이어서 신자들도 하나님께 예배를 드리며 안식을 얻는 날로 정해졌다. 주일성수가 중요한 이유는 목사님의 설교 말씀을 듣고 지난 한 주간의 삶을 돌아보며 또 다가올 한 주간 주님의 자녀로서 사명을 다하며 살 것을 예배와 기도, 찬양으로 다짐하는 자리이기 때문이다. 이렇게 주님께 예배드리고 주님을 찬양하며 믿는 사람들이 함께 서로 교제함으로 그 믿음을 더욱 공고히 하는 효과도 있다.

이러한 예배를 드리는 장소는 역사적으로 봤을 때 상황에 따라 달랐다. 과거 이스라엘 백성들은 노예 생활을 하던 이집트를 탈출하여 그들의 신 야훼의 말씀에 따라 광야에서 성소를 만들고 장막에서 생활하며 예배를 드렸고, 이후 예수가 이 땅에 와서 십자가에 매달린 후부터 지금까지는 안정적으로 예배를 드릴 수 있는 건물을 지어 예배를 드리게 된 것이다.

때문에 교회는 예배당이라는 '장소'에 대한 개념보다 '믿는 사람들이 함께 모여 하나님께 예배함'에 초점이 맞춰지는 것이 더 중요하다고 생각한다. 더군다나 이 바이러스들은 최근 변이 바이러스까지 나타나며 그 전파력이 더욱 강해지고 있다. 그러니 코로나 종식을 위해서라도 종교 단체가 모범을 보여 정부 방침에 적극 협조하고, 방역 일선에서 수고하시는 분들의 수고를 덜어드려야 할 것이다.

'이놈의 망할 코로나' 시국이지만 그래도 비대면 예배가 전보다 활발해져서 나와 아내는 이를 너무도 잘 활용하고 있다. 언제 어디서나 온라인 플랫폼을 통해 예배 말씀을 들을 수 있고, 출석 교회가 아닌 다른 교회 목사님들의 말씀 중 관심 있는 내용도 선택해서 들을 수 있게 되었다. 이러한 과정들을 통해 오히려 말씀을 더 깊이 묵상할 수 있게 되었고 믿음도 단단해지는 효과를 얻고 있다.

  대면 예배를 강조하는 이들의 생각도 어느 정도 이해는 된다. 신앙에 대한 공동체와의 교제 없이 혼자서 믿음 생활을 이어가다 보면 자칫 정확하지 않은 나만의 해석으로 이어지는 등의 오류를 범할 수도 있기 때문이다. 하지만 온라인 플랫폼의 장점을 충분히 활용할 수 있고, 그럴 필요가 있는 상황에서도 대면 예배만을 강조하는 것은 고집처럼 느껴진다. 대면 예배를 고집하며 사회적인 분열과 혼란을 가중시킨다면 혼돈과 공허와 흑암을 없애고 세상에 빛과 소금이 되라는 예수의 뜻에 상반되는 것이 아닌가. 지금 우리가 해야 할 것은 진정한 이웃 사랑이 무엇일지를 한번 곰곰이 생각해보는 것이다. 이번 사태를 통해 한국 기독교가 한 단계 성장하고 성숙하여 주님께서 더욱 기뻐하시는 계기가 되길 바라고 기도하며 떠오르는 성경 구절을 적어본다.

> 사람에게 보이려고 그들 앞에서 너희 의를 행하지 않도록 주의하라. 그리하지 아니하면 하늘에 계신 너희 아버지께 상을 받지 못하느니라. 그러므로 구제할 때에 외식하는 자가 사람에게서 영광을 받으려고 회당과 거리에서 하는 것같이 너희 앞에 나팔을 불지 말라. 진실로 너희에게 이르노니 그들은 자기 상을 이미 받았느니라.
> 너는 구제할 때에 오른손이 하는 것을 왼손이 모르게 하여 네 구제함을 은밀하게 하라. 은밀한 중에 보시는 너의 아버지께서 갚으시

리라.

또 너희는 기도할 때에 외식하는 자와 같이 하지 말라. 그들은 사람에게 보이려고 회당과 큰 거리 어귀에 서서 기도하기를 좋아하느니라. 내가 진실로 너희에게 이르노니 그들은 자기 상을 이미 받았느니라.

— 마태복음 6장 1~5절

### 8. 나의 혈소판

헌혈은 내게 어렵지 않은 선행이며, 맛있는 간식도 제공되고, 건강 상태까지 확인할 수 있어서 참 좋아하는 일 중 하나다. 그래서 나는 가능하면 정기적으로 헌혈을 해왔다. 그런데 망할 코로나가 발발하면서 감염 걱정으로 헌혈이 현저히 줄어들었다는 안타까운 소식을 접했다.

내가 살고 있는 여주에는 헌혈의 집이 따로 없다. 대신 헌혈 버스가 지역을 방문해 헌혈을 진행한다. 그런데 헌혈 버스가 방문하는 날은 평일이어서 서울로 출근을 하던 내게는 일정을 맞추기가 쉽지 않고, 설상가상으로 내가 자주 이용하던 사무실 근처 헌혈의 집은 어느 날 운영을 종료한다는 문자와 함께 문을 닫아버려 나의 헌혈도 문이 닫히는 듯했다.

그러던 중 내게 헌혈에 대한 강력한 동기를 부여해주는 일이 생겼다. 바로 아내 친구의 조카가 혈소판이 필요하다는 것이었다. 마침 같은 혈액형이었던 나는 더 이상 지체할 수 없어서 집에서 가장 가까운 원주, 또는 퇴근길에 들를 수 있는 대학로에 위치한 헌혈의 집을 열심히 오가며 헌혈을 했더랬다. 다행히 당시에는 둘째가 태어나기 전이어서 혼자 있을 아내에게 양해를 구할 수 있었고, 혈소판은 2주마다 헌혈이 가능하다는 것을 알게 되어 최대한 헌혈을 많이 하려고 어플을 이용해 서둘러 예약을 하고 문진도 어플로 미리미리 하며 절차를 최소화했다.

참고로 혈소판 헌혈 시에는 어느 정도의 식단 조절이 필요하다. 혈소판 헌혈 전에는 밀가루나 기름진 음식을 피하고 채식 위주의 식단으로 먹어야 기름이 끼지 않은 깨끗한 혈소판을 추출할 수 있는데, 식단 조절이 따로 필요 없는 전혈만 해오던 나는 이런 사실을 아예 몰랐다. 그래서 처음 혈소판 헌혈을 하러 가는 당일 아침에도 고기를 먹고 말았다.

처음 혈소판 수치를 확인할 때까지만 해도 분위기는 좋았다. 헌혈의 집에서는 헌혈자인 나를 환대해주었고, 수치가 상당히 좋다는 이야기에 내심 뿌듯함도 느꼈다. 지정 헌혈이었기 때문에 수혈을 받을 아이의 정보도 꼼꼼히 적어 내려갔다. 모든 것이 순조롭게 진행되었다. 그런데 그다음이 문제였다. 혈소판의 상태를 확인하기 위해 미리 뽑았던 내 피에서 기름의 함유량이 많게 나온 것이다. 나의 문진을 진행해주신 선생님과 옆에서 혈액의 상태를 검사해주신 선생님의 의견이 충돌했다. 결국 나를 문진해주신 선생님께서 이 정도면 괜찮다고 강행하셨고 나는 무사히 헌혈을 마칠 수 있었다. 돌이켜보면 지정 헌혈이라는 특수한 상황이기도 했고, 망할 코로나로 헌혈이 너무 감소한 탓에 한 사람의 헌혈도 소중히 여겨주신 것이 아닌가 싶다. 후에 따로 확인해본 결과, 그래도 수치상으로 수혈이 가능해서 나의 혈소판은 전달이 잘되었다고 했다. 이후 나는 혈소판 헌혈을 예약하고 나면 전날부터 식단을 철저히 관리했고 늘 무사히 헌혈을 마칠 수 있었다.

그리고 둘째가 태어나고 며칠 후 다음 헌혈을 기다리고 있을 때 그 아이의 소식이 전해졌다. 하늘의 별이 되었다는 소식이었다. 나의 혈소판이 더 건강했다면 그 아이에게 더 도움이 되지 않았을까 하는 생각도 들었다. 마음이 아팠지만 출산한 지 얼마 되지 않아 아직 지쳐 있는 아내에게 그런 감정이 전달되는 것을 원치 않아서 애써 눈물을 참았다.

나와 아내가 우리 아기에게 불러주는 자장가 중에 〈요게벳의 노래〉라는 찬양이 있다. 이 노래는 모세의 어머니인 요게벳이 바로라는 애굽(이집트) 왕의 칙령으로부터 모세를 지키기 위해 갈대 상자에 모세를 담아 나일 강가에 띄워 보낸 심경을 노래한 것이다. 그 칙령은 이스라엘 백성을 억압하기 위해 갓 태어난 히브리의 사내아이를 모두 강물에 던져 죽이고 여자아이만 살려두도록 하는 것이었다. 요게벳의 심경이 성경에 직접적으로 표현되어 있지는 않지만, 그 가사가 너무도 애틋하여 감동적인 노래다. 그런데 그 일이 있고 난 후 이 노래를 부를 때마다 내 혈소판을 수혈받던 아이와 아이 부모님의 마음이 떠올라 나는 한참을 울컥해했다. 특히 "눈을 감아도 보이는 아이와 눈을 맞추며 주저앉아 눈물을 흘렸겠지. 너의 삶에 참 주인, 너의 참 부모이신 하나님 그 손에 너의 삶을 맡긴다"라는 가사가 깊이 와 닿았는데 직접 겪어본 일은 아니지만 아빠가 되고 보니 그 마음이 조금이나마 느껴지는 것 같았다. 그래서 스스로 마음을 한참 다독이며 노래를 불러주곤 했다.

이러한 상황과 두 아들의 육아를 핑계 삼아 결국 지금까지 수개월째 헌혈을 못 하고 있는 실정이다. 이제 이 글을 계기로 다시 여유가 된다면 헌혈을 시작해야겠다는 다짐을 해본다. 그리고 하늘의 별이 된 그 아이가 하늘에서는 더 이상 아프지 않길 진심으로 바란다.

## 9. 준법 청년

어느덧 마스크는 우리 사회에 있어서 필수품이 되었다. 마스크를 착용하지 않으면 과태료를 부과할 수 있는 법까지 제정되었으니 말이다. 앞으로 백신 접종자는 지자체에 따라 마스크 착용에 재량을 주는 등의 혜택까지도 고안되고 있지만, 아직 여론은 백신 접종 후에도 마스크를 계속 착용하겠다는 의견이 다수일 정도다.

마스크는 손 씻기와 함께 (망할 놈의) 코로나 바이러스를 차단하는 효과가 가장 큰 것으로 알려져 있다. 그렇다 보니 다들 자신의 건강을 지키기 위해서이기도 하거니와 바이러스의 전파를 차단시킴으로써 바이러스가 종식되기를 바라며 모두가 동참하고 있다.

나 역시도 늘 신경 써서 마스크를 챙긴다. 코로나로부터 나를 지키고 내가 전파자가 되지 않기 위함이며 코로나의 종식을 위함이다. 또한 나는 원래 준법정신이 투철한 사람이 되고자 하는 욕구가 강한 편이어서 법을 철저히 준수하기 위함이기도 하다. 법이나 규칙을 준수하기를 좋아하지만 게으른 탓에 필요에 따라 신호 위반, 무단 횡단 등을 하는 경우들이 많았다. 그리고 나면 마음이 참 불편했는데 나를 위해 마스크를 착용하는 것만으로도 법을 준수하게 되는 것이니 '꿩 먹고 알 먹고, 누이 좋고 매부 좋고(요즘 친구들도 이런 말 쓰는지 모르겠다.)'다. 코로나 덕분에 나는 준법 청년이 되었다.

    그런데 요즘 세상은 이렇게 법을 지키는 사람들이 오히려 피해를 보고 불편을 겪는 경우도 많다. 마스크를 제대로 착용하지 않은 손님에게 마스크 착용을 권고했다가 폭행을 당하는 사장님들, 마스크를 착용하지 않은 손님의 승차를 거부했다가 폭행을 당하는 대중교통 기사님들, 5인 이상 집합 금지 수칙을 지키기 위해 단체 손님을 거부했다가 오히려 융통성 없는 유난스러운 가게로 소문이 나서 피해를 보는 사장님들 등이 해당된다. 하지만 마스크를 착용하지 않음에 대한 과태료는 기준이 모호하다며 제대로 부과되지 않는 경우가 대부분이다. 사실상 지킬 것은 올바로 지켜주는 모두의 노력이 가장 중요하다. 모두가 그러지 못한다면 적어도 지킬 것을 지키는 이들이 피해를 보는 일은 없어야 할 것이다. 하지만 지금은 필요에 따라 법을 명목상 제정하기만 하고 이에 대한 사후 관리는 전혀 신경 쓰지 않는 것으로 보인다.

    어디 이뿐인가? 이러한 범법에 대한 처벌은 솜방망이여서 결국 가해자가 더 이득이고 이 때문에 범죄들은 아무렇지 않게 재발된다는 의견이 심심치 않게 들려올 정도다. 이런 가운데 사람들은 스스로를 지키고자 정직보다는 약삭빠르게 수단 방법을 가리지 않으며 자신의 이득을 챙기고, 이로 인한 사회적 갈등은 더욱 고조되어 결국 분열되고 대립하게 되는 것은 아닐까?

    나도 이러한 지금의 대한민국을 살아가는 한 사람의 청년이자 다음 세대를 살아갈 자녀들을 둔 아버지로서 앞으로라도 올바른 것이 당연하게 옳은 세상, 정의가 정답인 세상이 되기를 바라본다.

### 10. 코로나가 체질(?)

    여기까지 읽었다면 혹자는 내게 이렇게 물을 수도 있을 것 같다. "이 정도 덕 봤으면 코로나가 좋아진 거 아니냐?"고. 그럼 나는 이렇게 대답하고 싶다. "망할 코로나19, 꺼지라고 그래."

    진심이다. 우리는 이 망할 놈의 코로나로 일상을 잃었다. 나는 여행을 좋아하고, 축구(직접 하는 것과 구경하는 것 모두 포함)를 좋아한다. 친구들과 함께 모여 왁자지껄 떠들며 먹고 마시는 것도 좋아한다. 쉽게 말해 '놀기' 좋아한다. 또 주일마다 교회도 편하게 가고 싶고, 공연도 마음껏 보고 싶다.

    하지만 지금은 그 어떤 것도 마음 편히 할 수 없다. 우리 아이들은 늘 답답해하며 마스크를 벗어버리고, 나는 그런 아이들을 다그친다. 이 작은 아이들이 벌써부터 호흡이 얼마나 힘들까 걱정도 되고 이해도 된다. 마음껏 편히 숨 쉬고 다닐 수 있는 세상을 누리지 못하는 아이들이 너무도 안타깝다. 이렇게 우리의 삶에서 너무나도 자연스럽고 당연했던 것들이 모두 통제되고, 우리는 더욱 예민해져 서로 분열되어가고 있다. 생각만 해도 너무나 속상하고 싫다. 그런데 왜 이 망할 코로나 덕 본 이야기를 이렇게 하느냐고?

이병헌 감독님(사랑합니다!)의 작품 중 〈멜로가 체질〉(2019)이라는 드라마가 있다. 참 재미있게 본 드라마인데 이 작품의 대사 중 이런 대사가 있다.

"혼냈는데 안 쫄면 그거 되게 어색한 거거든."

그래. 나는 지금 이런 상황을 연출하는 것이다. 지금 내가 쓰는 이 글들은 코로나를 향한 나름의 복수다. 세상을 혼란스럽게 만들고 공포감을 조성하는 악성 바이러스에게 "너 하나도 겁 안 나. 오히려 네 덕을 좀 봤어"라고 콧방귀를 뀌어주고 있는 것이다. (물론 코로나로 직격탄을 맞아 생계에 직접적인 영향을 받으신 분들의 아픔과 상처는 내가 상상할 수도 없을 것이다. 하지만 조금이라도 이해하고자 애쓰며 그들을 위해 기도하는 사람이 있다는 것이 조금이나마 위로가 되었으면 하는 바람이다.)

우리는 고작 이 정도의 바이러스에 휘둘리지 않을 것이다. 언젠가 이 바이러스는 종식될 것이고 우리는 잃어버렸던 일상을 되찾을 것이다. 그럼 우리는 다시 북적이는 공항에서 원하는 곳으로 여행을 떠날 것이다. 거리에서 마음 편히 밤늦도록 좋아하는 사람들과 어울려 신나게 먹고 마시며 즐겁게 떠들 것이다. 좋아하는 운동 경기를 보러 가서 목청껏 응원하고, 좋아하는 가수의 콘서트에 가서 그 유명한

'한국의 떼창'도 마음 놓고 할 것이다. 주님께도 소리 높여 찬양으로 감사드리고, 믿는 사람들이 함께 모여 마음껏 예배드리며 주님께 영광을 돌릴 것이다. 마스크 없이 말이다. (나는 그날을 대비해 살을 좀 뺄 계획이다. 그날이 오면 이제 마스크가 더 이상 내 턱살을 가려줄 수 없으니깨) 그리고 우리는 지금의 시간들을 되새기며 작은 일상에도 감사하고, 이러한 과오를 반복하지 않기 위해 노력하며 다음 세대를 위한 더욱 깊은 성찰도 하는 삶을 살고 있을 것이다. 그리고 그때에 우리는 조금 더 너그러워져 있을 것이고, 그렇게 한층 더 성장해 있을 것이다.

나는 오늘도 이렇게 코로나 블루에 맞선다. 그리고 앞으로도 계속 방역수칙을 철저히 지키고, 백신도 맞으며(잔여 백신 알림을 신청해놨는데 접종 신청하기가 정말 하늘의 별 따기다.) 건강한 삶과 다음 세대를 위해 계속 나아갈 것이다.

여러분! 우리 모두 함께 이렇게 잘 지내다가 종식되는 코로나를 향해 콧방귀를 냅다 뀌어줍시다!

# 여권을 만들었다

○ 전명원 ○

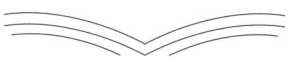

여권 기한이 만료되었다고 외교부의 친절한 문자가 날아온 지 꽤 되었다. 쓰던 여권은 스탬프를 찍을 빈 페이지가 몇 장 안 남을 정도로 애용했었다. 하지만 이런 코로나 시국에 여권이 뭐 급할쏘냐, 싶어 갱신을 서두를 생각이 도무지 들지 않았다. 그러다 날이 부쩍 더워진 6월이 되어서야 더 이상 미루지 말고 여권을 갱신하기로 맘먹고 나섰다. 기온이 32도까지 올라간 날이었다.

나는 사진 찍히는 것을 좋아하지 않는다. 셀카도 거의 찍지 않는다. 렌즈를 가득 채운 내 얼굴을 보면 부담스럽기도 하고, 잊고 있던 세월을 상기시켜주기도 해서 말이다. 게다가 증명사진은 참으로 정직한 얼굴과 표정으로 찍는 것이다 보니 더더욱 부담스럽기 이를 데 없다.

학원에서 아이들을 가르치는 세월이 길었다. 아이들은 학기 초마다 증명사진 찍는 이야기를 했었다. "수원역에 보정을 엄청 잘해주는 사진관이 있어요. 싸고 굉장히 여러 장을 줘요." 아이들에게는 보정 여부가 중요했다. 늘 모여서 수원역으로 증명사진을 찍으러 나갔다. 그러고는 한동안 만나면 서로 증명사진을 교환하기도 하고, 친구들 사진을 모아서 보여주기도 했다. 친구가 많고 인기가 많을수록 모인 증명사진도 많았으므로 아이들은 열심히 나눠주고, 또 받았다. 가끔 어떤 아이들은 내게도 자기 증명사진 한 장을 부끄러워하며 내밀기도 했다.

그때 아이들에게 이야기 들었던 사진관에 갔다. 그 '보정'이 나도 심각하게 필요하다. 여권 사진은 규정이 까다로워서 프로필 사진처럼 과한 보정은 하지 않는다고 들었다. 그래도 안 한 것보다는 낫겠지, 했다. 직원은 사진을 여러 장 찍고 나서 그중 몇 장을 보여주었다.

"헉! 이, 이렇게 나오나요?" 내가 놀라 물었더니 사진관 직원이 손을 내저으며 웃었다.

"아니에요, 이건 보정 전의 사진인데 이 중에서 하나를 골라 보정을 해드릴 거예요. 음, 제가 보기엔 이 사진이 보정하면 가장 잘 나올 것 같아요." 사진관의 젊은 직원은 싹싹하게 한 장을 골라주었다. 날이면 날마다 사진 찍어 보정하는 게 직업인 사람의 눈만큼 정확한 것이 있을 리 없다. 내 눈엔 모두 흉악하게 보이는 사진이지만, 끄덕끄덕했다.

"저어, 원판 불변의 법칙인 건 아는데요… 그래도 최대한, 최대한 턱살도 좀 날려주시고 눈 뜨고 볼 정도는 좀 만들어주시면 감사하겠어요." 내 말에 직원이 크게 웃었다. 10분도 채 안 되어 직원이 만들어준 사진 속에서 나는 실물보다 조금 갸름해진 얼굴로 옅은 미소를 짓고 있었다. "맘에 드세요?" 직원이 물었을 때 1초도 망설이지 않고 대답했다. "그럼요! 여태 찍은 사진 중 제일 맘에 들어요!"

사진관을 나와서도 사진을 들여다보았다. 음, 이것이 소위 '뽀샵'의 힘이로군. 두툼한 턱살과 얼굴의 잡티가 죄다 날아가다니. 화장도 제대로 안 하고 찍었건만 풀 메이크업을 한 듯한 비주얼이라니.

흐뭇하게 사진을 들여다보다 문득 생각했다. 근데, 이거 가지고 여권 만들러 갔다가 퇴짜 맞는 건 아닐까. "과한 보정을 한 사진은 쓸 수 없어요!"라든지 "본인 맞으신가요?" 하는 말을 듣는 건 아닐까 혼자 웃었다. 그러나 다행히 모두가 보정 처리한 사진을 가져오는 것이 당연한 세상인지 별말 없었고, 드디어 나는 10년간 쓸 수 있는 여권을 받았다. 추가 요금을 내고 페이지 수도 48매로 발급받았다. 32도의 더운 햇살 아래 여권을 들고 집으로 걸어오며 생각했다. 새 여권은 언제부터 쓸 수 있을까. 과연 48매 페이지에 도장을 다 채울 수가 있을까.

아직 팬데믹은 그대로다. 이것이 올 줄 몰랐듯이, 또 어떤 다른 것이 올지도 알 수 없는 세상을 살고 있다. 내 인생의 10년, 그 10년간 48매의 여권에 도장을 몇 개나 찍을 수 있을지는 아무도 모른다.

하지만 팬데믹의 한가운데를 통과하면서도 나는 여권을 갱신했다. 그 어떤 상황에서도 이처럼 계획을 세우고, 희망을 부풀리고, 꿈을 꾸는 나날이 이어질 것은 분명하다.

# 코로나19로 변화된 나의 삶 이야기
### 혼란의 상황이 가져다준 삶의 가치의 재발견

○ 김신혜 ○

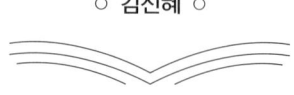

**2020년 1~2월: 홈트로 생활의 균형을 만들다**

국내 코로나19 환자가 지난 1월 20일 처음 발생했다는 뉴스를 접했다. 처음에는 '이게 뭐지'라는 궁금함을 불러일으켰던 코로나19로 결국 나라가 전체가 패닉에 빠졌다. 첫 번째 확진자는 중국 후베이성 우한에서 들어온 중국인 여성이었다. 이후 약 한 달여간 30명에 불과했던 확진자는 2월 18일 신천지대구교회 신도인 '31번째 환자'가 나온 이후 급증했다. 확진자 수가 하루에 수십, 수백 명 단위로 가파르게 증가하면서 한 달 만에 대구와 경북 지역의 누적 확진자는 약 8천 명으로 늘었다. 갑자기 늘어난 확진자 수에 대다수의 사람들이 상황의 심각성을 직감하기 시작했다. 이 불안이 돈벌이가 된다는 것을 빨리 아는 사람들은 마스크 사재기에 나섰다. 그러자 시중의 마스크 가격은 천정부지로 올랐고, 마스크를 구비하지 못한 사람들은 매우 불안해했다. 이런 가운데 국가는 외출을 자제해달라고 권고했고, 마스크 수급이 여의치 않았던 없이 사는 사람들은 내내 집에 있을 수밖에 없었다.

한편 코로나19로 인해 나의 일상은 뒤바뀔 태세를 제대로 갖추고 있었다. 나는 이 시기에 다니던 직장을 그만두고 영어회화 학원을 다니며 자기계발을 하고 있었다. 그렇게 그동안의 직장 생활로 인해 지친 몸과 마음을 조금씩 추스리고 있을 무렵 코로나19는 내 삶에 훅 들어와 변화를 일으켰다. 그 후 나는 영어학원 등록을 할 수 없었고, 난생처음 일주일 내내 온종일 집 안에서 보내는 시간을 갖게 되었다.

그런데 집에서 주어진 하루를 온전히 사용하려니 처음엔 막막함이 밀려왔다. 24시간을 어떻게 사용해야 할지 잘 몰랐다. 직장에 다닐 때는 주중에 쌓인 피로로 쉬기 위해 주말에 온종일 집에 있어보긴 했지만 평일 내내 집에 있었던 적은 여태껏 없었다.

그러나 어쩔 줄 몰라 하며 지내기에는 계획 없고 의미 없는 시간을 보내는 것은 안 된다는 생각에 뭔가 내 삶의 규칙과 방식을 만들어봐야겠다고 마음먹었다. 그래서 먼저 내가 한 일은 '나 사용법'을 작성한 것이다.

학창 시절의 시간 계획표처럼 빡빡하게 짜인 것이 아니라 나에게 정말 의미 있고 소중한 것이 뭔지 노트에 적기 시작했다. 그렇게 적어나가다 보니 가장 중요한 것은 건강이었다. 집과 가까운 직장을 다닐 때는 새벽에 필라테스를 하곤 했었다. 하지만 장거리 출퇴근을 하면서 운동과의 거리가 멀어졌다. 업무와 출퇴근으로 체력은 바닥을 드러냈다. 하고 싶은 일을 하기 위해서는 체력이 뒷받침돼야 한다는 것을 일을 하면서 많이 느꼈던 차라 이렇게 자유로운 시간이 주어졌을 때 혼자 규칙적으로 운동하는 습관을 들이기로 결심했다.

그렇게 다시 시작한 운동은 매트 필라테스였다. 그 이유는 예전에 해봤는데 운동 환경이나 훈련 방법 등이 나에게 잘 맞았고, 무엇보다 만성적인 어깨 통증과 바닥난 체력에 상당히 효과적이었다. 학원에서 한 운동은 혼자 하는 것이 아니고, 비용을 내고 하는 것이었기 때문에 사실 반강제적이었다. 그런데 함께하는 사람들도 없고, 참여해야 한다는 당위성 없이 매일 스스로 혼자 하는 운동을 얼마나 지속할 수 있을지에 대한 의문을 남긴 채 시작되었다.

운동 순서는 아침에 일어나서 명상을 10분 한 뒤 홈트로 전신 스트레칭을 20분 이상 하는 것으로 했다. 전신 스트레칭은 저녁에도 했다. 초기에는 일단 시작했으니 끝을 봐야 한다는 오기로 했지만, 한 달이 넘어가면서 아침에 일어나서 운동하는 것이 자연스럽게 느껴졌다. 과도기가 없었던 것은 아니다. 한 달이 넘어갈 즈음 매일 하는 운동이 좀 힘겹게 느껴졌다. 그래서 내가 내린 조치는 너무 힘들 때는 운동 시간과 횟수를 줄이되 매일 하는 것을 목표로 했다. 그렇게 두 달이 될 무렵 영상을 보지 않고 해도 동작과 운동 순서가 머리에 저장되었고, 운동에도 탄력이 붙기 시작했다. 그 결과 점차 몸이 유연해지고 피로감이 많이 줄었다는 것을 느끼게 되었다.

특히 최근 어깨 통증으로 인해 두피가 찌릿찌릿한 증상이 꽤나 심했는데 필라테스를 꾸준히 한 덕에 어느 순간 고통이 사라진 것이 놀라웠다. 한의원을 수차례 다녀도 호전되지 않고 생활에 지장을 주었던 통증이 예상치도 못했던 코로나19를 계기로 우연히 시작한 홈트로 개선될 줄은 정말 몰랐다.

　내가 이번 일로 새롭게 경험한 것은 간절히 해결하고 싶은 문제가 생각지도 못한 일로 인해 해결될 수도 있다는 것이다. 또한 나 스스로 매일 같은 시간 꾸준히 무언가를 할 수 있는 사람임을 증명해낸 것이 자랑스러웠다. 누가 시키지 않아도 남들 눈에 띄지 않아도 묵묵히 자신이 결심한 일을 한 사람들이 부러웠었다. 나도 그들처럼 되고 싶다는 생각을 해왔었고, 많은 자기 계발 책도 읽어왔다. 물론 책을 읽고, 간절한 바람을 가지는 것도 좋지만 변화의 가장 중요한 요인은 '행동'이라는 것을 경험했다. 그리고 앞으로 다른 일에서도 행동할 때 머뭇거리거나 쉽게 포기하지 않을 수 있다는 긍정적인 메시지를 스스로에게 줄 수 있었던 것이 가장 큰 보람이 되었다.

### 2020년 3~5월: 마스크를 만들며 지닌 것의 소중함을 깨닫다

　마스크 사재기가 극성을 부리고 마스크 가격이 천정부지로 치솟자 정부는 마스크 생산 공장과 직접 계약을 맺어 국가가 직접 국민에게 마스크를 공급하기에 이르렀다. 정부의 마스크 5부제가 시행되어 사람들은 자신의 출생 연도에 따른 구매일에 맞춰 약국을 방문했다. 전 국민에게 필요한 물품이었기 때문에 약국에는 사람들의 긴 줄이 눈에 띄었다.

　정부의 공적 마스크 판매가 시작되기 전까지는 마스크를 비싼 돈을 주고 사거나 그마저도 마스크를 구하지 못한 사람들은 공포에 떨며 불안해했다. 이때를 마케팅 기회로 삼았던 유통 업체들은 1인당 수량 제한으로 마스크를 판매하기도 했는데, 마스크를 사기 위해 이른 새벽부터 줄을 섰던 사람들은 이 과정에서 공급이 제대로 되지 않자 분통을 터트리기도 했다.

다른 한편에서는 경쟁이 치열한 마스크 구매에서 한발 물러나 직접 마스크를 만드는 사람들이 생겨났다. 직장에 다니는 사람들은 마스크를 사기 위해 몇 시간씩 들이기가 어려웠다. 나 역시도 셀프 마스크 만들기를 해보기로 결심했다. 마스크를 구입하기 위해 기다리는 공간에도 많은 사람들이 모여 있기 때문에 오히려 코로나19 전파의 위험성이 높을 거라는 생각이 들었다. 가장 큰 결심의 동기는 집에 있는 미싱이었고, 더군다나 취미로 옷 만들기를 해봤기 때문에 결심이 가능했다.

마스크 만들기에 앞서 마스크의 필터나 구조에 대한 정보를 포털 사이트에서 알아보았는데, 다행히 마스크의 구조가 비교적 간단했고, 만들기도 어려운 편이 아니었다. 이후 온라인으로 필터, 끈 등 마스크 제작에 들어가는 재료를 구매했다. 물론 필터 가격이 저렴하지는 않지만 마스크를 착용할 수 있다는 생각에 심리적 안정감이 들었다. 난 취미로 옷 만들기를 2년여간 배웠고, 집에 미싱을 소유하고 있었다. 이 일은 무언가를 직접 제작할 수 있는 것의 유용함을 새삼 느끼게 하는 계기가 되었다. 비록 핸드메이드 마스크가 전문 업체가 만드는 마스크만큼 효과를 낼지는 알 수 없었지만 이렇게 갑작스런 위기 상황에서 마스크가 있다는 것만으로도 큰 위안이 되었다.

과거 어른들은 기술을 가진 것이 삶에 안정성을 준다고 강조하셨는데 이제는 한물간 산업이라고 일컬었던 봉제 기술이 이번 코로나19로 재조명되기도 하는 것을 보고, 위기 상황에는 생활에 직접적인 영향을 주는 기술이 중요함을 깨달았다. 내가 주도적으로 위기 상황을 헤쳐 나간다는 자부심을 느꼈고, 직접 만든 마스크를 가족, 친지들에게도 나누어주면서 위기 상황에 누군가에게 필요한 것을 줄 수 있다는 뿌듯함마저 들었다.

특히 전쟁이나 큰 재난 상황을 경험하지 못한 나로서는 코로나 마스크 대란을 통해 위기 상황에서 사람들이 보이는 반응과 행동들을 실제로 관찰할 수 있었다. 책이나 미디어를 통해 간접 경험했던 것과 달리 현장에서 본 인간의 행동과 사회적 태도는 여실히 민낯을 드러냈다.

위기 상황에서 인간의 이성은 온데간데없었다. 극도의 불안감으로 오로지 나와 우리 가족만 지키겠다는 이기심이 발동된 경우도 많았다. 코로나19가 온 나라를 휩쓸었던 때 날 지킬 수 있었던 것은 나 자신이었다. 물론 국가의 재정적·제도적 지원은 필요하고 중요하다. 그러나 지원책이 온 국민에게 직접적으로 영향을 주기까지는 일정 시간이 걸릴 수밖에 없음을 간과할 수 없다. 이번 마스크 사태에서도 볼 수 있듯이 공적 마스크가 국민의 손에 들어오기까지 시장이 혼란을 겪으면서 국민은 큰 어려움을 겪었다.

그러나 나는 마스크 수급 사태에서 '어려운 상황에서도 해결할 방법을 다각도로 찾는 사람은 결국 완전하진 않지만 나름의 해결책을 찾을 수도 있다'라는 점을 알게 되었다. 국가가 제공해주는 것만을 무작정 기대하기보다 국민 스스로가 자발적으로 해결하려는 시도는 좋은 본보기가 될 것이다. 나 또한 공적 마스크가 공급되기 전 마스크를 구하지 못해 불안해하며 우왕좌왕하기보다는 '내가 할 수 있는 것은 무엇일까'라고 생각했던 접근 방식이 핸드메이드 마스크 제작까지 연결되었다. 직접 무언가를 만들고 생산할 수 있는 사람은 나와 내 주변을 조금은 평안하게 할 수 있는 자원이 된다.

### 2020년 6~8월: 비대면 강의에 참여하며 교육 환경의 혁신을 경험하다

비대면 사회로 변화되면서 환경이 바뀐 곳의 대표적 사례가 교육 분야가 아닐까 싶다. 코로나19 확산세가 지속되자 온라인 개학과 원격 수업이 처음 시행됐다. 초중고 학교의 개학이 네 차례나 연기되었는데, 이태원발 코로나19 집단 감염이 발생하면서 이후에도 등교 수업과 원격 수업이 병행됐다.

특히 입시와 취업을 앞둔 고3은 매일 학교에 나가고 다른 학년은 등교와 원격 수업을 병행했다. 대학 역시 다르지 않았는데, 수업과 시험이 온라인으로 이뤄지는 경험을 했다. 처음 하는 비대면 수업이 강의의 품질 저하를 가져오는 시행착오가 있었지만, 온라인 시스템을 정비하는 등의 새로운 시도를 하면서 코로나19를 계기로 미래 교육에 대한 논의를 촉진하게 되었다.

나는 창업 관련 강의에 참여할 예정이었다. 강의를 하는 지역과

장소가 집과 가까운 곳도 있었지만 대체로 거리상 먼 곳이 많아 정작 필요한 교육에 참여하지 못하는 경우가 많았다. 그런데 코로나19로 대부분의 강의가 비대면으로 전환되면서 오히려 교육에 참여할 기회가 많아졌다. 보통 강의에 참여할 때면 가까운 거리라도 오가는 시간이 소요되고 에너지도 많이 소진되었다. 또한 외출하기 위해 옷차림에 신경을 쓸 수밖에 없었다. 그러나 비대면 강의는 집에서 강의에 참여할 수 있기 때문에 강의 이외에 발생되는 시간과 에너지가 없어 오로지 강의에 집중할 수 있었다.

반면 어려움도 있었다. 비대면 라이브로 강의에 참여하는 것이 처음이라 무척 어색했다. 예전 같으면 방송인들이나 모니터에 비춰진 자신의 모습을 보는 경험을 했을 텐데, 방송업과 관련도 없는 내 모습을 모니터에서 마주하는 것이 낯설었다. 내 얼굴 표정과 목소리가 바로 내게 전달되면서 강의 내내 긴장을 할 수밖에 없었고, 그래서 비대면 강의가 끝나고 나면 에너지가 소비되어 많이 지쳤다. 그러나 온라인상에서 현장 강의와 마찬가지로 여러 수강생들이 함께 조를 형성해 토의를 하거나 의견을 발표했던 경험은 생전 처음 겪은 신선한 일이었다. 인간은 적응력이 놀라운 동물이라는 것을 책과 주변 사람들을 통해 알고는 있지만, 나 스스로 변화에 적응하는 능력이 있다는 것을 새삼 알게 되었다. 비대면 강의를 한 지 3개월 정도가 지나자 표정이나 말투도 자연스러워졌고, 특히 그로 인한 피로도도 처음만큼 높지 않았다. 오히려 대면 강의가 시간을 효율적으로 사용하지 못한다는 생각마저 하게 되었다.

물론 아직까지는 직접 소통을 통해 사람 간 정서적 교감을 할 수 있는 대면 강의만큼 비대면 강의가 충분하지는 않다. 하지만 앞으로는 기술의 융합(교육의 게이밍화 및 가상현실, 증강현실, 인공지능, 자동화된 디지(digi)와 같은 신기술의 신속한 통합 등)과 적용으로 비대면으로도 대면 교육 못지않은 현장감을 불러일으키게 될 것이다.

지금껏 혁신이 가장 어려운 분야가 교육이었는데, 코로나19가 오랜 기간 동안 해결하지 못했던 교육계의 문제를 단번에 해결하는 계기가 되었다고 한다. 가장 큰 성과라면 더 많은 사람들이 교육 참여의 기회를 얻게 되었다는 것이다. 대면 교육으로는 일정 인원으로 제한할 수밖에 없지만, 비대면 교육으로는 참여 인원을 증원할 수 있기 때문이다.

반면 초중고 학생의 비대면 교육이 계층 간 교육 격차를 벌어지게 한 점은 앞으로 해결해나가야 할 문제다. 그러나 이번 계기로 교육계가 미래로 가는 길에 빨리 안착할 수 있게 되었다는 것은 역사상 유례없는 고무적인 일로 기억될 것이다.

### 2020년 9~11월: 온라인 쇼핑과 음식 배달 급증이 일으킨 사회경제적 변화

통계청은 지난 9월 국내 온라인 쇼핑 거래 총액이 14조 7208억 원으로 집계됐다고 밝혔는데, 이는 2001년 관련 통계를 작성한 이후 최대 규모라고 한다. 음식료품, 배달 등 음식 서비스와 생활용품 거래액이 50퍼센트 이상 최대 90퍼센트까지나 늘어나는 등 생활필수품

구매 증가가 전체 상승세를 이끌었다. 특히 눈에 띄는 것은 모바일 쇼핑 거래액이었다. 국내 온라인 쇼핑과 해외 직구 거래액이 함께 늘었다. 코로나19 확산에 따른 사회적 거리 두기의 영향으로 매장을 직접 방문하기보다는 자택에서 온라인 쇼핑을 하는 거래가 늘어난 것이다. 온라인 쇼핑에 편리함은 많다. 직접 매장에 들러 고르는 일이 없고, 반품과 교환이 비교적 용이하다. 거기에 간편 결제 시스템이 적용되면서 온라인 쇼핑은 더욱 증가했다. 코로나19라는 상황이 더해지면서 온라인 쇼핑이 차지하는 비율이 90퍼센트에 가깝게 된 것이다.

이로 인해 생활의 편리함은 커졌지만 이 시기에 종종 안타까운 소식들을 뉴스 등의 미디어를 통해 접하게 되었다. 코로나19 전이었다면 깊게 생각해보지 않았을 문제인데, 집에 머무는 날들이 늘어나면서 나의 문제가 아닌 사회의 문제에도 자연스럽게 관심을 갖게 된 것이다. 뉴스의 내용은 매장 영업을 하는 자영업자들이 운영에 직격탄을 맞아 매출이 반토막 난 것은 물론이고 가게가 폐업의 위기에까지 몰려 생계의 위협을 받고 있다는 것이었다. 나라에서는 재난지원금과 소상공인 대출 등으로 재정적 지원 대책을 마련한다고는 했지만 그 정도로는 피해의 일부만을 해결할 수 있는 임시방편에 지나지 않았다고 한다. 실제로 나는 종로와 강남 등의 큰 대로변을 지나면서 상가 1층의 공실을 보는 것이 그다지 어렵지 않았다.

코로나19로 가게 영업을 하지 못하는 소상공인의 경제적 어려움이 가장 큰 문제지만 그뿐만 아니라 매장이 폐업하게 되면 이용하는 소비자에게도 불편함을 초래한다. 결국 자영업자들은 생계가 어려워지고, 소비자들은 선택의 폭을 제한당하게 된 것이다. 물론 소비재를 온라인으로 구매하는 것은 시간 절약과 편리성의 측면에서 장점이 많긴 하지만 매장에 나가서 직접 체험해보고 구매해야 하는 것들도 존재한다. 또한 맛집이나 개성 있는 가게들이 없어지는 것도 아쉬운 부분이다. 평소 바쁜 일상에서는 밀 키트와 배달 음식 등이 편리하지만 가끔 직접 음식점에 가서 요리사가 즉석에서 요리한 음식을 먹는 것은 음식의 맛과 그 공간을 경험할 수 있기에 소중한 추억이자 경험이 된다.

가장 안타까운 것은 코로나19로 우리 사회의 '계층 이분화'가 더 뚜렷해졌다는 것이다. 코로나19로 대기업이나 전문기업은 시장 점유율을 높이며 시장 확대를 하고 있지만 반대로 소상공인들의 가게는 존폐의 기로에 놓였다. 우리나라 경제의 허리라고 할 수 있는 즉 중간 계층인 자영업자들이 줄어드는 것은 사회를 지탱하는 대부분의 서민들 삶이 무너지는 것을 의미한다.

편리함과 신속함은 빠르게 살아가는 우리 사회에서 유용한 요소임은 분명하지만, 시간이 더 걸리고 느리더라도 가치가 있는 것들이 사라지는 것은 사회적 손실이기 때문에 많은 아쉬움을 느꼈다. 나 역시도 대기업 상품이 주는 가격, 공간, 서비스가 편리하고 만족스럽긴 하다. 그러나 편리함보다는 사회의 다양성과 개성을 살리고, 다양한 사람들이 함께 잘 살아가는 사회가 주는 안정감을 무시할 수 없다. 앞으로의 사회에서는 코로나19와 같은 사회적·경제적 파급력이 높은 문제에 있어서 국가의 재정 지원 못지않게 국민 개인들의 사회적 공감과 연대의식을 바탕으로 하는 소비와 행동이 사회 안전망을 유지하는 실질적인 대안이 되지 않을까?

### 2020년 12월~2021년 1월: 가정 문제는 가정 내 문제가 아니다

정부는 사회적 거리 두기 단계를 2.5로 격상했다. 영화관, 독서실, 마트, 백화점 등도 9시 이후부터는 영업이 금지되었다. 강력한 조치가 오랜 기간 이어지면서 사람들이 사회적 피로를 느끼게 되었다. 특히 학교와 학원의 운영까지 중단되면서 자녀 돌봄의 공백 문제로 많은 부부들이 어려움을 겪었다. 돌봄 이외에 온라인 학습에 대한 어려움도 있었다. 특히 맞벌이나 한부모 가족, 다문화 가족, 조손 가구 등은 더욱 대처하기가 힘들었다. 가정 형편에 따라 집에 컴퓨터를 비치하고 있지 못한 가구도 상당수 있었고, 온라인 수업을 할 때 수업 참여나 학습 현황을 확인하거나 가정 내에서 규칙적인 생활 지도를 할 수가 없었다. 또한 경제 사정이 안 좋아진 가정에서는 부부 간 갈등이 심화되기도 했다. 성격 차이나 경제 갈등 등 잠재돼 있던 문제들이 코로나19라는 특수한 상황과 맞물려 터지기도 했다.

내게는 여동생이 한 명 있다. 동생은 지역 거점 도시에서 남편과 함께 입시 학원을 운영하고 있는 맞벌이 부부고, 두 명의 초등생 남아를 자녀로 두고 있다. 평소 나와의 통화에서 동생은 워킹맘으로 일하며 아이 둘을 돌보는 데 피로가 높음을 꾸준히 호소했었다. 미취학

생이나 초등생 남아를 둔 엄마의 목소리는 낮을 때가 없다는 말이 있을 정도니 동생이 그맘때 남아 둘을 보살피며 일하는 건 정신과 체력의 소모가 대단히 큰 일이다.

엎친 데 덮친 격으로 사회적 거리 두기가 시행되자 아이들이 학교를 가지 않고 집에서 머무르는 시간이 늘어났다. 문제는 아직 본인들이 끼니를 챙겨 먹기, 온라인 수업에 집중해서 참여하기, 규칙적인 생활하기 등을 부모의 도움 없이 혼자서 하기가 어렵다는 것이다. 보통 점심시간 전에 직장에 출근했던 동생은 이제 오전 시간에 청소, 빨래와 음식 만들기 등을 하느라 쉴 틈이 없다. 불행 중 다행인지 코로나19로 많은 자영업자들이 운영의 어려움을 겪고 있고, 동생 역시도 어려움이 있었지만 그 지역에서 오랜 기간 학부모들에게 신뢰를 쌓은 덕분에 경제적 타격이 심한 편은 아니었다.

동생이 특히 어려움을 느낀 점은 전체적인 자녀의 생활 습관 관리라고 했다. 동생은 초등 1학년과 6학년 자녀를 두고 있다. 이들의 점심을 챙겨줘야 하는 것은 물론이거니와 둘째에게는 놀아주어야 하는 어려움, 초등학생인 첫째는 학업 관리에 어려움을 느끼고 있었다. 코로나 이전에 집 밖에서 생활하던 시간이 길었던 반면 집에서 주로 생활하게 되면서 자녀 일상생활에 대한 관리, 놀이 활동 등이 모두 부모가 직접 하거나 가정에서 이루어지게 되어 부담을 가지게 된 것이다. 또한 식사 챙겨주는 것도 큰일이라고 했다. 보통 아침을 챙겨주면 점심은 유치원이나 학교에서 먹기 때문에 따로 준비할 필요가 없었고, 저녁은 시어머니가 챙겨주시기 때문에 동생은 일에만 집중할 수 있었다. 그러나 아이들이 점심을 먹어야 하면서 식사를 준비하는 시간이 늘어난 것이다. 가뜩이나 출근 전 쉴 틈 없이 해야 하는 집안일에 지친 동생은 가사 노동과 돌봄 시간 증가로 몸이 안 좋아졌다.

동생은 본인의 놀이나 여가 활동 시간이 줄어들었고, 이전에 비해 다른 사람들과 함께 즐기거나 경험하는 것들이 줄어들면서 오히려 우울감이나 스트레스가 커졌다고 했다. 나 역시도 가족일수록 상호 존중하고 소통하고 이해하려는 노력이 수반되어야 한다는 것을 인식하게 되었다.

우리나라는 아직까지 가부장적인 관습들이 남아 있어 자녀 돌봄 분담은 여성이 더 많이 하는 현실이다. 가족돌봄 휴가, 연차, 돌봄을 위한 유연근무 등의 제도가 있었지만 대부분의 사람들은 가족돌봄 휴가를 사용하지 않았다. 이유를 살펴보면, 직장인의 경우 상사의 눈치가 보여서라는 응답이 많고, 자영업 종사자의 경우에는 돌봄 공백에 대한 지원 방안 마련되지 않았기 때문이었다.

동생의 경우도 인근에 사시는 시부모님께 의존할 수밖에 없었다. 그러나 시어머니조차도 장기간의 긴 돌봄으로 정신적·육체적 피로가 날로 증가했고, 이 때문에 고부와 가족 간 갈등도 생기게 되었다고 한다. 거기다가 학원의 잦은 폐쇄 등으로 점차 경영상 경제적 어려움까지 겪게 되었는데, 코로나 탓에 한 가정이 패닉 상태에 빠지고 만 것이다. 결국 좋은 대화가 오가기보다는 엄마는 아이들에게 화를 내거나 소리치는 일들이 많아졌고, 경제적 어려움 등으로 부부 간 대화가 적어지거나 대화를 하더라도 서로의 잘못을 탓하거나 비난하게 되어 부부 사이도 좋지 않게 되었다.

우리나라는 지금껏 가정 내에서 발생하는 문제들은 개인이 해결하게 하는 편이었다. 그러나 지금과 같은 코로나19와 맞벌이가 보편화된 상황에서는 국가의 제도와 지원 프로그램 개입이 절실하다. 예를 들어 장기간의 '집콕 생활'로 누적된 고립감과 우울감, 가족과 함께하는 시간이 늘어남에 따른 가족 간 갈등 등에 대해 심리 및 정서 상담 서비스 지원은 반드시 제도적 뒷받침이 필요하다. 또한 가족 내에서 이런 문제들이 해소되지 않아 지지를 받을 수 없는 가정에 대해서는 지역사회의 기관과 가족 지원 센터가 협력하여 가족 문제에 대한 심리 및 정서 상담이 이루어져야 한다.

이제는 가정 내 문제가 더 이상 가족들끼리 해결할 수 있는 범위를 넘어섰다. 경제적 지원책으로 국민 전체에게 일정량의 돈을 주는 것보다 그들이 당면한 현실적 어려움에 맞는 정책적 지원이 필요하다. 지역사회의 관심도 필요하다. 예를 들어 해당 시기에 나처럼 현재 일을 쉬고 있거나 경력 단절자 중 자녀를 돌보지 않아도 되는 여성들을 활용한 돌봄 서비스를 마련하는 것이다. 또한 감염병으로 인한 긴급 상황에서는 부모나 형제자매등 여러 명이 돌아가면서 아동을 돌볼 수 있도록 하는 지원책이 마련되었으면 한다.

# 코드명 '푸르—'

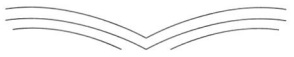

## 0. 프롤로그

"땅, 불, 바람, 물, 마음! 다섯 가지 기운이 하나로 뭉치면 캡틴 플래닛! 캡틴 플래닛!"

옛날 옛적에 〈캡틴 플래닛〉이라는 만화 영화가 있었다. 그 잊히지 않는 주제곡의 한 부분이다. 〈독수리 5형제〉의 미국판이라고 해야 할까. 한국 안방에는 〈출동! 지구특공대〉라는 이름으로 방영되었다. 지구 환경을 더럽히는 자들을 처단하는 굉장히 유익한 내용이었다.

변신 반지를 하나씩 갖고 있는 각 인물은 하나의 요소를 담당한다. 꼬꼬마 어린 나는 반지에 푹 빠졌다. 대원들을 변신시켜주는 반지였기 때문이었다. 만화 속에서는 지구를 이루는 다섯 기운이 각 반지에 담겨 있었다. 어린이였던 내게는 그 기운들과 반지가 그렇게 매력적일 수가 없었다. 이 만화에 나오는 반지를 본뜬 것인지까지는 알 수 없지만, 당시 슈퍼마켓에서는 한창 보석 반지를 팔았다. 플라스틱 작은 링에 달콤하고도 커다란 사탕이 보석처럼 붙어 있었다. 이 왕보석 사탕 반지를 끼면 나도 그 특공대의 일원이 된 듯 외쳤다.

"난 물이야! 넌 불 해!" 하고.

어른이 되어 찾아보니 이 교육용 애니메이션은 한국과 미국이 합작했으며 생태학까지 접목시킨 작품이라 했다. 허무맹랑한 영웅 만화는 아니었던 셈이다.

나는 지구에 사니까 새삼스럽게 주변을 둘러본다. 우리 주변의 모든 것은 이 다섯 가지 기운으로 이루어졌을까?

**1. 땅, 불, 물, 그리고 바람**

"이게 왜 좋아?"

"응?"

"이렇게 식물을 키우는 게 왜 좋냐고."

코로나 때문에 나를 보러 친구가 우리 집에 왔다. 내친김에 나는 베란다에 있는 나의 푸릇이들을 막 보여주던 참이었다.

사시사철 기린처럼 다홍빛 작은 꽃들 쭉 빼들고 피어나는 가시나무, 꽃기린. 한창 싸늘한 늦겨울과 이른 봄 사이 빨갛고 큰 겹겹이 꽃을 화사하게 들이미는 동백나무. 보랏빛으로 피어나 진하고 달콤한 향내 피우다가 하얗게 지는 재스민 꽃나무. 좁쌀 같기도 한 작은 꽃을 제 몸 가장 위에 삐죽 내밀어낸 남천나무. 아주 작은 꽃잎 뭉치가 연둣빛에서 노랑, 주홍, 핑크빛으로 변모해버리는 란타나.

추운 겨울 옹송그리고 지내다가 따스한 봄볕을 거쳐 뜨거운 여름

태양까지, 비료도 주지 않았는데 때를 어떻게 알고 꽃을 피워내는지. 겨울 찬바람을 맞으며 황량하게 버티던 모습들을 나는 안다. 이 넓지 않은 베란다에서 다채롭게 꽃 잔치를 벌여주는 이 모습을 꼭 친구에게 보여주고 싶었다. 매일의 날씨가 그렇게 다른데, 끊임없이 잎의 색과 모양을 달리하며 어떻게든 살아내어주는 이 생명들은 코로나19 시기를 견디는 나의 자랑이 되었던 거다.

"살아 있는 게 느껴지잖아."

망설임 없이 얘기했다. 완두콩처럼 초록이라기에는 무척이나 연약한 푸른빛으로 막 자라나고 있는 아기 잎사귀들, 이 색깔 좀 보라고. 꽃봉오리는 눈 마주칠 때마다 열심히 불린 몸으로 빛 고운 꽃잎을 활짝 피워낸다고 말이다.

살아 있기에 변화한다. 변화하기 때문에 무언가를 내어놓는다. 내놓았기에 스러질 수밖에 없는 이 일련의 과정들을 생각한다. 꽃이 만개한 후 주어지는 약간의 시간은 곧 끝이 난다. 마르고 볼품없이 스러져 결국에는 꽃잎이었음을 가늠조차 할 수 없게 변모한다. 바스락대는 갈색빛 조각이 되어서 지나가는 바람 인사에 쉬이 떨어져 땅으로 내린다. 움직이지 않지만 매 순간 변화하는 식물들 사이에서 나는 삶을 생각한다. 알 수 없다고.

난 30대 급성 림프구성 백혈병 환자, 근육과 함께 살도 빠져버린 환자 신세, 골수 이식 후 체력을 다 회복하지 못해서 일을 나가지 못하는 집순이다. 남들 출근하는 낮에 집에 혼자 있다. 나는 하루 세 번의 끼니를 하나도 거르지 않고 밥을 먹어낸다. 내 반찬은 대부분 TV, 유튜브는 가끔. 빈집의 적막한 공기를 채우는 데는 이만한 게 없다. 채널 돌리는 맛으로 리모콘을 익숙하게 꾹꾹 눌러댄다. 첫 끼니를 먹을 때는 대부분 아침 뉴스 시간이다. 중국에서 어떤 전염병이 생겼고, 피해가 심하다는 뉴스가 있었다. 반찬을 집어서 입에 넣고 밥알을 알곰알곰 씹으며 그런 일이 있나 했다. 설이 막 지난 2020년 1월 막바지였다. 새로운 해를 맞이해 야심 차게 3개월짜리 요가를 등록하고 다니던 때였다.

"이 바이러스를 예방하기 위해서는 마스크와 손 소독제를…."

어? 익숙하다, 매우….

옷이 피부는 아니지만 입지 않고서 맨몸으로 밖을 나설 수 없듯이, 혈액암 환자의 필수품이 바로 그것들이었으니까 익숙할 수밖에 없다.

뉴스는 점차 께름직해져갔다. 그 바이러스에 대해 자주, 더 많이 언급했다. 점점 늘어가는 숫자는 지역으로 구분되기 시작했다. 전파의 고리가 된 사람들의 이야기가 연일 폭발이 일어나듯 연쇄적으로 보도되었다. 더군다나 호흡기로 전염되는 전파력 강한 놈이라니. 항암 바로 직전에 기흉이라는 폐 질환을 겪었던 나는 기저 질환자에 해당되었다. 염려는 불안으로 싹트고 걱정은 공포심으로 몸집을 불렸다. 요가 수업을 한 달도 못 채웠지만 마저 나갈 용기는 어느새 사라졌다.

결국 집순이의 유일한 운동이었던 요가를 그만두었다. 나는 다시 집에 들어앉았다. 거실에서 우두커니 베란다를 바라보면 창밖으로 가로수도 보이고, 엄마가 준 화분들도 보이고, 화분에 물이 없는 것도 보였다. 나는 베란다에 쭈그려서 물을 주었다. 죽으면 안 되니까. 내가 식물을 '반려'한다고 말하기까지는 이미 적잖은 식물들을 저세상으로 보냈다. 더 이상은 죽이고 싶지 않았다.

그렇다면 식물에게는 땅, 불, 바람, 물, 마음. 다섯 가지 기운 중에서 어떤 요소가 필수적일까? 흙이야 식물 아래에 자리해 있는 기본 옵션일 테고, 물을 잊지 않고 그저 잘만 주면 되겠지. 햇빛이야 공짜로 나타나는 덤이고.

그런데 내 몸이 아프고서야 알았다. 무엇이 더 필요했었을지를. 평범하게 맞벌이 신혼부부로 살던, 아프지 않았던 시절의 나에게 식물은 그저 '예쁜 그 무엇' 중 하나였다. 멋진 식물을 거실에 들여놓는 것을 멋지다고 여겼다. 비싸고 큰 열대 식물, 발음도 헷갈렸던 '알로카시아'를 남편에게 졸라서 샀다. 창가와 소파 사이 자리에 큰 잎을 드리운 그 모습이 꼭 휴양지 같아서 볼 때마다 흐뭇했다. 신이 나서 SNS에 '우리 집에 이런 식물 있어!' 하는 느낌으로 멋지게 사진 한 장을 올렸다.

우리 집 거실을 호위하듯 서 있던 대형 알로카시아는 그 이후로 조금씩 이상해져갔다. 멋으로 식물을 돈 주고 샀기에 나는 뭣 모르고 갸우뚱했다. 그 이후 올릴 수 있는 사진은 없었다. 점차 누레지는 잎, 모양이 틀어지는 줄기는 더 이상 멋지지 않았다.

"물도 잘 주지 말래서 잘 안 줬는데, 그래서 그런가…."

남편 앞에서 괜스레 구시렁댔다. 크기가 큰 만큼 화분째로 거금을 주고 데려왔던 더운 나라 식물이었다. 잘 키우겠다고 큰소리쳐서 우리 집에 온 그 푸릇이는 크기에 비해 운명이 허무하게 짧았다. 어쩔 줄 몰라 하면서도 시간은 시간대로 흘려보냈다. 식물을 풍경으로만 인식하던 무식한 때였다. 크고 작은 풀꽃이 피고 지던 순간들도 알아보지 못하고 지나치던 까막눈 시절이었다.

나는 정말 몰랐다. 생각지도 못했다. 식물도 생명이었다. 생명에게는 흙, 물, 빛 말고도 필요한 것이 있다. 그것을 왜 진작 알지 못했을까.

공기의 이동에 불과한 바람, 이게 어째서 꼭 '필요조건'이었을까. 그 답을 아프고 나서야 알았다. 병실에서는 단순해진다. 그곳에서 원하고 바라는 것은 단순하다. 내가 제일 잘했던 것은 창밖을 바라보는 일이었다. 보통 사람들의 아주 사소한 것들 중 하나.

언제나 쾌적한 온도, 균까지 정화된 공기가 자동으로 유지되는 티끌 하나 없는 공간. 균이 들어오는 것을 막기 위해서 창문도 개폐할 수조차 없는 병실 안.

나는 바깥바람을 쐬고 싶었다. 창문을 열었을 때 훅 들어오는 공기, 혹은 이른 아침이나 저녁에 걷거나 뛰면서 내 뺨에 닿는 가뿐하고 산뜻한 바람은 먼 세상 얘기였다. "바람 쐬러 갈래?"라는 보통 사람들이 편히 내뱉을 수 있는 이 말은 당시 내게는 대답할 수조차 없는 무용한 말이었다.

환자 일상은 누워 있는 게 대부분이다. 내 얼굴 바로 위 환기구에서 건조하고 무색 무미 무취한 공기가 끊임없이 들이쳐 왔다. 그건 바깥바람이 아니다. 병실 안에서 마스크를 껴야 할 의무는 없었지만 나는 자주 마스크를 낀 채로 낮과 밤 가리지 않고 잠을 청하곤 했다. 서늘하고 건조하기만 한 그 공기가 싫었다. 격리되어 있는 항암병동 어디에서든 전혀 0.01퍼센트도 '바깥바람'은 들어올 수 없게 관리가 잘되었으니까. 흡사 태풍의 눈에 들어와 있는 것처럼 바람 한 점 불지 않는 무균병동 음압병실.

당시 나에게 '바깥'은 병실 복도였다. 답답하면 복도에 나가 큰 창 앞에 섰다. 창 앞에서 나는 해바라기가 되었다. 무균병동 큰 창가 앞에 코를 가까이 대어 창 아래를 내려다보곤 했다. 나무들을 쓰다듬으며 지나갈 크고 작은 덩이의 여러 바람이 지나가는 것을 상상했다. 몸을 스쳐나가는 바람이, 사막에서 물을 찾듯이 절실히 고파왔다.

'바람'이 생명 유지에 필수라는 것을 그때 알았다. 퇴원하고 집에 돌아와서는 베란다에 먼지 쌓인 빈 화분들을 마주했다. 너희도 바람이 고팠겠어…. 나의 무지를 반성했다.

## 2. 마음, 시선의 부여

코로나 바이러스의 확산에 대한 뉴스는 연일 주요 뉴스가 되었다. 외부 활동을 할 때 마스크를 쓰면 안전하다고 했다. 요가는 취소했으니 마스크 쓰고서 산책이나 가자. 몸을 좀 움직여야 걷는 힘이라도 생기겠지.

반려견과 바람 쐬러 나갔다. 동네 작은 공원은 겨울에 극에 닿았다가 살짝 꺾이던 늦겨울 시기에는 더욱이 볼 게 아무것도 없었다. 살아 있다는 기척을 공원에서 찾아낼 수는 없었다. 작은 텃밭을 감쌌던 검은 비닐봉지가 꽃샘추위 바람에 펄럭이면, 우리 검둥 강아지가 쫓아가 짖을 뿐이었다. 잎이 다 떨어져 황량해 보이는 작은 공원 나무들 사이로 강아지 궁둥이 따라다니며 걷기만 했다.

요가를 다녔다면 이미 몸이 한창 변모해갔을 2월과 3월. 별게 없던 공원에 어느 날부터는 볼 게 생겼다. 신기하게도 하루, 이틀 사이에도 못 보던 것들이 마구 생겨났다. 이름 모를 큰 나무의 가지에 맺힌 작은 새눈, 꽃눈이 눈에 들어오기 시작했다. 매화와 목련의 꽃봉오리는 햇볕 좋은 곳부터 활짝 얼굴을 펴기 시작했다. 이름도 모르는 별별 꽃들도 차례로 피고 지었다.

나는 반하고 말았다. 공원의 온갖 생명은 색색의 꽃잎 또는 연한 신록의 잎을 앞다투어 내보냈다. 나보다 훨씬 작은 풀꽃, 내 키를 몇 배 넘어서는 나무, 심지어 제멋대로 돋아난 잡초까지 부지런히 몸을 놀려서 무언가를 내보이는 모습이 그냥 지나쳐지지 않았다. 나도 모르는 사이 내 두 눈으로부터 걷잡을 새 없이 새로운 게 밀려 들어와 버렸다. 그저 걷기만 하는 산책으로도 연한 장미 향처럼 이름 모를 편안한 감정이 나를 은은히 감아버렸다.

공원의 작은 변화를 알아채면서 나는 집 안 생명도 더 자주 들여다보기 시작했다. 하루에도 몇 번씩 베란다에 나가 더 자주 시선을 챙겼다. 흙 상태를 보며 물 주기는 기본, 햇빛 그림자에 따라 화분도 옮겨두었다. 아침저녁으로 창문을 여닫으며 바깥바람 들이는 것도 잊지 않았다. 햇빛 아래서 실컷 바람 맞고 쑥쑥 커나가길 바라며 말도 걸었다. 그렇게 공원에서, 베란다에서 나뭇잎에서 나오는 숨과 비릿한 흙바람을 몸에 묻히고 나면 하루가 금방 갔다. 3개월짜리 요가를 다녔다면 몸은 조금 유연했을지도 모른다. 난 역설적이게도 코로나를 피하려다가 큰 것을 얻어버렸다. 작은 것들을 들여다볼 수 있는 소중한 눈.

시선은 결국 마음의 방향이다. 눈길이 가는 건 마음이 가는 거다. 집 안 생물을 돌보다 보니 집 가까운 화훼 시장을 참새가 방앗간 들르듯 갔다. 그곳에 가면 매번 식물 하나가 눈에 걸린다.

아프기 전 평범한 어느 날이었다. 다니던 직장에서 작은 식물 화분을 선물받은 적이 있었다. 선물이 식물이라니! 부담스러운 마음을 황급히 감췄다. 겸연쩍은 미소 지으며 조심스럽게 말했다.

"저 잘 죽이는데요."

가장 쉬운 식물로 추천받았다는 대답이 들렸다. 햇빛도 잘 보지 않아도 되고 물도 잘 주지 않아도 된다며 모든 초보가 다 잘 키울 수 있다고 꽃집 사장님이 말했단다. 별다른 보살핌을 필요로 하지 않는 편이라 최근 드라마 〈빈센조〉에서 도청장치를 숨겨놓는 화분으로 나오기도 한 이 식물, 이름은 '스투키'다. 성인 남성이 두툼한 손을 쫙 펼친 모양이 닮았다. 손가락 모두가 제각기 기지개를 펴고 있는 것처럼 생겼다. 들은 대로 정말 물만 신경 썼다. 그것도 말 그대로 잘 주지 않고 돌보았는데도 역시다. 하나씩 밑동이 물러졌다. 초록빛이 달라지고, 모양이 기우는 것 같아 살짝 건드려보면 힘없이 나가떨어졌다. 혹시라도 다른 손가락한테까지 죽음이 옮겨갈까 봐 무른 것은 살살 들어 올려서 쓰레기통으로 보냈다.

  맞벌이로 살던 예전의 나는 평일에 집에 있던 시간이 거의 없었다. 눈뜨고 출근하고, 일이 끝나고 집에 와서는 지쳐서 자기 바빴다. 하루가 금방씩 끝났다. 주말에는 남편과 밀린 집안일을 했다. 양가 방문, 혹은 외부 약속까지 나가면 한 주, 한 달이 쭉쭉 지나갔다. 주말에서야 침실에 둔 스투키 화분을 잠시 잠깐 볼 뿐이었다.

  시선을 주는 것, 마음을 주는 건 단지 보기만 하고 지나가는 건 아니다. 고개도 이리저리 돌려보며 살펴야 한다. 필요한 것이 무엇인지를 몸을 낮춰 시선 맞춰야 하는 것을 그때는 몰랐다. 바쁘다는 핑계를 방패 삼아 스투키의 생사 여부만 알아보던 셈이다. 죽어 있는지, 살아 있는지를 관찰하는 건 보살피는 것이 아니다. 모든 식물 초보가 잘 키워낸다는 스투키도 결국 불운을 비켜 가지 못했다. 그렇게 차차 소리 없이 우리 집에서는 점점 빈 화분이 늘어갔다.

  병원 밖을 나온 나는 좀 달라졌다. 이제 나는 더 이상 식물을 식물로만 여기지 않는다. 생사 유무만 확인하지 않는다. 시선을 준다. 관심을 준다. 마음을 준다.

  하루의 첫 번째 일과. 부스스 침대에서 일어나 새소리 들으면서 제일 먼저 하는 건, 다름 아닌 환기. 거실 창문을 열기 위해 베란다로 가면 나의 푸릇이들이 보인다. 베란다 창문을 열어 햇빛을 마음껏 쏘이고 바람도 실컷 맞게 한다. 호스 레버를 열고 2미터 정도 되는 긴

호스로 하나하나 눈 마주치며 물을 준다. 다 같은 생명인데도 화분마다 물 마름이 다르다. 식물마다 물 마시는 양이 제각기라 흙 상태를 자세히 보고 물을 주기도, 또는 주지 않기도 해야 한다. 물을 주면 흙이 젖어가며 비릿한 숲 내를 풍긴다. 우리 집 베란다가 숲은 아니지만, 흙이 적셔지면 내 목마름도 가시는 것만 같다.

코로나 바이러스의 뉴스와 함께하는 동안 계절은 자꾸 바뀌어갔다. 작년 봄에는 꽃피지 않았던 재스민이 올봄에는 만발했다. 그 달큼한 향이 향수를 뿌린 듯 코끝으로 번져온다. 꽃을 다 떨구고 마는 줄 알았던 동백이의 활짝 피려는 작은 꽃봉오리를 발견하는 즐거움이 있다. 가지마다 서로 다른 색의 꽃들로 치장하는 란타나의 변신을 구경한다. 동시다발적으로 수십 개의 꽃을 주야장천 피우며 열일하는 꽃기린을 응원한다. 조용히 꾸준히 잎을 늘려가는 남천나무, 올리브 나무, 테이블 야자의 새잎을 구경하는 재미도 있다. 더운 나라에서 온 몬스테라 아단소니, 형광 스킨답서스, 문샤인 실버산세리아 같은, 이름을 외우기에도 어려운 몇 푸릇이들도 더 있다. 볕이 좋은 날에는 이 싱그러움 사이에서 나도 광합성을 한다. 이제는 나의 '반려' 영역에 당당히 '식물'이 있다고 말할 수 있다.

지난번 시청한 KBS 다큐 〈반려, 하실래요?〉에서는 고작 귀뚜라미에게 이름을 붙이고 눈으로 살피는 것만으로도 사람 건강에 눈에 띄는 변화가 있었다고 했다. 우울증 지수가 낮아지고, 인지 기능 점수, 정신적 삶의 질 지수, 임무 수행의 정확도 등이 증가했다는 실험 결과도 볼 수 있었다.

나는 오늘도 눈으로 마음을 주는 것을 게을리하지 않는다. 푸릇한 것을 지나치지 않으려 한다. 집에서는 베란다의 식구들과 함께 햇빛을 받고 화분에 물을 준다. 내 목마름이 사라진다. 밖에서는 이름 모를 나무, 풀, 들꽃 사이에 부는 바람을 맞는다. 갑갑한 마음을 바람결 따라 덜어내고 온다. 어떻게 보면 코로나 위기가 나쁜 것만 내게 준 건 아니었다. 광활한 식물 세계에 눈을 트이게 해줬으니까. 모든 푸릇이를 지나치지 않는 시선을 선물받았으니까.

### 3. 시간, 회복의 미학

캔버스에 초록 식물이 가득하다. 줄기와 가지가 겹쳐 있다. 식물을 그린 것을 알아는 보겠는데, 그 사이로 사람의 것이 분명한 팔의 일부가 엉겨서 솟아 있다. 작가의 눈에 보이는 그대로 그려내는 사실주의 작품이 아닐 것은 분명하다. 평범한 사람인 내가 보기에는 많이 낯선 광경이다. 인체가 식물에서 자라나다니? 무슨 의미일까.

【식물상념】
식물을 키우다 보니 존재와 생명력에 상상 이상으로 놀라게 된다.
시간이 흐를수록 식물에 대한 과도한 소유욕은 점차 사그라들었다.
— 인스타그램 @1em0 중에서

'식물상념' 시리즈의 그림을 그린 작가는 LEMO에게 식물에 어째서 팔이 붙어서 그려져 있는 것인지를 솔직하게 물었다. 식물은 가지가 잘려나가도 다시 새롭게 자라난다고. 우리에게 있어서 '몸'이 손이나 팔, 다리인 것처럼 식물에게는 줄기나 잎이 곧 '몸'이지 않겠냐고 답했다. 식물과 함께 살아가며 떠오른 생각들을 시각적으로 구상한 것이라고 했다.

"식물 키우는 게 왜 좋아요?"

내 절친이 어떤 지인의 집에 놀러 갔더니, 크지 않은 집에 식물들이 놀라울 정도로 한가득 있더랬다. 그래서 얼마 전 나에게 했던 질문을 똑같이 다시 해봤단다. 순수한 호기심을 잔뜩 담은 질문이었다. 내가 알지 못하는 그분이 친구에게 말한 답은 이랬다.

"음… 키우는 게 재밌어."

"식물을 키우는 게 왜 재미있어요?"

"그런 생각을 해본 적이 없는데…. 음… 그냥 물을 안 주면 잎이 쪼그라들었다가 물을 주면 싱싱하고 파릇파릇하게 막 생기 있게 펼쳐져 있는 거 보면 재미있어. 어느 날 막 딴 거 하고 있다가 딱! 보면 이만큼씩 커져 있기도 하고 또 뭐 딴 거 하며 지내다 딱! 보면 꽃도 나 있고."

"아, 식물이 자라는 모습이 재미있는 거구나."

친구는 고개를 끄덕이며 들었댔다. 맞다, 식물은 자란다.

이런 적도 있다. 내가 친하게 된 언니의 집에 처음 간 날이었다. 여기저기 집 안을 보여주던 중에 자연스러운 동작으로 갑자기 베란다에서 갓 자라난 여린 순잎 가지들을 꺾어낸다. 어리디어린, 뽀얗게 막 맺힌 듯한 연둣빛 순을 자르다니! 너무 삐죽하게 나온 헛자라난 나뭇가지조차 귀한 생명이라고 그냥 두었던 나였다. 내 두 눈이 갑자기 너무 커졌으나. 언니는 왜 순을 꺾었는지 찬찬히 설명해주었다. 나무의 전체적인 수형을 보고, 더 자랐으면 하는 부분을 꺾어주는 거라고. 생장점이 살아 있는 부분에서는 새로운 가지가 더 많이 생겨 나와서, 나중에 보면 꺾어두었던 부분이 오히려 더 풍성해지게 된다고 말이다.

깜짝 놀랐다. 어쩌다 부러뜨린 작은 나뭇가지조차 쓰레기통에 버리지 못하고 모두 모아 빈 물병에 물꽂이 해두는 나였다. 아주 예전에 있던 오락실의 두더지 게임, 갑자기 튀어나오는 두더지 머리를 때리면 플라스틱으로 만들어진 두더지 머리는 이렇게 말한다. '아야! 왜 때려!'라고. 그 정도로 '살짜쿵'과 '쿵!' 사이의 중간 정도 충격이 머리에 온 듯했다. 어린 꼬맹이도 알 만한 사실을 놓쳤었다. 식물은 자라난다. 가지가 부러져도, 꽃이 떨어져도 다시 생겨난다. 그 당연한 사실을 나는 고작 '식물도 생명이니까'라고 생각하며 전혀 손대지 않으려 했다.

자라는 식물은 꺾여도 다른 가지로 다른 잎을 내세운다. 아래로는 보이지 않게 뿌리를 길게 늘어뜨린다. 느리고도 부산하게 다시 회복한다. 누가 보지 않는 대도 보란 듯이 서서히, 그리고 그 자체로 완벽하게 재생한다. 이 모든 건 시간이 하는 일이다. 지구를 지켜내는 기운을 만화 영화 〈캡틴 플래닛〉에서는 땅, 불, 바람, 물, 마음. 이 다섯 가지랬다. 나는 하나가 더 있어야 완벽하다고 우기련다. 그건 바로

'시간'.

　투병하는 지금의 나는, 건강해서 예뻐 보였던 예전의 나와 같지 않다는 데에서 마음이 꽤나 절룩댔다. 지금의 내가 예전으로 돌아가지 못하는 것은 또 '시간' 때문이다. 하지만 그 시간 덕에 지금의 나는 또 괜찮다. 당시에는 코앞이 짙은 안개고, 힘들어 죽겠기만 했다. 무슨 죄를 지었다고 나만 낭떠러지 끝에 매달려 있는 것 같았다. 시간은 보이지도 않게 나를 통과해간다. 스스로와 상황에 대한 거부감을 점차로 희석시켜준다. 현재 좌표를 인정할 수 있게 기다려준다. 충분히, 한 치의 서두름도 없이.

　식물이 무한대로 자랄 수 있는 건 바로 시간을 담보하기 때문이다. 식물에게 시간이 주어지지 않는다면? 계절이 없다면? 해가 바뀌지 않는다면? 인간이 갖지 못하는 식물의 뛰어난 회복 능력은 결국 시간이라는 토대에 놓여 있다. 시간이 집약되어가고 기다림은 적층된다. 이제 나도 나를 한결 편히 바라볼 수 있다. 식물에게 시간과 계절과 해넘이가 없다면…, 자라지 못할 것이다.

　언니 집에 다녀온 다음 날, 나는 베란다에 모처럼 자리를 잡았다. 날이 잘 드는 가위를 들었다. 괜스레 아프겠다고 억측하며 자르지 못했던 못난 가지들을 싹 다 잘라냈다. 미용실에 가지 못했다가 오랜만에 들러 머리카락을 잘라낸 것처럼, 나는 푸릇이들을 예쁘게 '커트'해줬다. 잘라주고 보니 내 속도 시원했다. 나무들은 눈에 띄게 깔끔해졌다. 진작 가지치기를 해주지 못한 내가 우스워졌다.

　이제 나는 먹거리도 베란다 식구로 들였다. 로즈마리, 바질에 이어 2주 전에는 애플민트까지 데려왔다. 애정 어린 시선으로 돌본다. 무럭무럭 키워나간다. 음식 재료로 필요할 때에 총총거리며 다가간다. 웃으며 식물에게 속삭여댄다. "너 엄처엉 예쁘다아!" 하면서 큰 잎가지들을 재빨리 따내고, "미안해애! 잘 먹을게에!" 잊지 않고 인사한다. 쨍한 햇볕과 바깥바람 맞아낸 푸른 잎들을 베란다에서 수확한다. 로즈마리는 스테이크와 같이 굽고 바질 잎은 토마토와 슬라이스한 모짜렐라 치즈에 발사믹 소스를 뿌려낸다. 남편은 우리 베란다에서 잡아먹은 로즈마리와 바질이 유독 향이 더 풍부하고 짙다고 맛있어했다.

애플민트 잎도 곧 따내어서 집콕 모히토에도 도전해보려 한다. 모히토를 하려면 잎을 꽤 따야 한다. 잎이 떨어진 자리에 다시 시간이 통과해나갈 것을 안다. 아무렇지 않게 다시 무럭무럭 새롭게 커나갈 것도 알고 있다. 시간의 힘은 회복이다. 나의 연약한 몸도, 지긋하게 길어지는 코로나 시국도 마찬가지다. 결국 시간이 통과해가고 기다림이 더해지면 어떻게든 더 좋아질 것을 나는 안다.

### 0. 에필로그

푸른-색(푸른色)
「명사」 맑은 가을 하늘이나 깊은 바다, 풀의 빛깔과 같이 맑고 선명한 색.

―《표준국어대사전》중에서

사전에 나와 있는 설명을 그대로 옮겼다. 하늘색, 바다색, 풀 빛깔은 같지 않은데 하나로 칭하고 있다. 한영사전으로 검색해봤더니 'blue color, green color'라고 언급된다. 두 가지 색을 다 일컫는 말, 맞다. 그런데 영어로 'blue'는 '파랑색'뿐만 아니라 '우울'의 의미로도 쓰인다.

설마 했는데, 이 'blue'가 '코로나19'와 합쳐져버렸다. '코로나 블루'는 코로나19 확산으로 인한 일상의 큰 변화로 겪게 된 우울감이나 무기력증을 뜻하는 신조어다. 바이러스는 잡힐 듯 잡히지 않고 여전히 활개를 친다. 장시간 이어지고 있는 새로운 전염병에 대한 피로도와 거리 제한에 따른 고독감이 담긴 새로운 단어의 탄생이다.

한편 나는 주변의 초록빛이 나는 식물을 '푸릇이'라고 통칭해버렸다. 병에 대한 사적인 경험과 함께, 코로나 시국이라고 하는 긴 터널을 지나오면서 나는 새로운 시선을 얻어낼 수 있었다.

> 25년간 우울증을 앓은 박물학자 에마 미첼이란 사람이 있다. 계절마다 산책길에서 나무 그루터기나 풀잎 가장자리 같은 세계에 집중하면서 걱정거리가 분산되고 정신이 현재에 뿌리내리는 경험을 했다고 책 《야생의 위로》에서 말했다.
>
> — 부산일보, 〈나무 한 그루 하실래요?〉 중에서

'푸릇'이라는 단어에서는 초록빛이 느껴지고 초록빛은 대개 식물의 색이다. BBC 행복위원회의 '행복헌장 10계명', 즉 행복하기 위해

할 열 가지 일 중에는 '식물 키우기'가 있다. 코로나 우울(블루)인 지금, 또 다른 푸른색인 식물을 잠시 바라보면 어떨까.

꼭 식물을 키우지 않아도 된다. 일하러 나가는 집 앞 수풀에서, 버스를 기다리며 가로수를 보는 것도 좋다. 아주 짧은 시간이라도 눈을 마주쳐보면 좋겠다. 속는 셈 치고 모든 이가 해보면 좋겠다. 식물의 푸르름을 가까이에서 눈으로 마주하기만 하면 된다.

단지 식물이 거기 아무렇게나 있었고, 묵묵하게 시간을 동무 삼아 자라는 것을 알기만 하면 된다. 그것만으로도 마음 한 곳에는 먼 숲으로부터 오는 시원한 바람이 스밀 것이다.

우리는 기다리기만 하면 된다. 이 땅의 불, 물, 바람, 물, 마음, 그리고 시간까지 얹어지면 우리는 캡틴 플래닛이 지구를 구해내고 마는 것처럼 우리 자신도 구할 수 있을 것만 같다. 생기 있는 초록의 푸릇함을 당신이 발견해내면 좋겠다. 시선을 나무 위로 두면 하늘이 끝없이 펼쳐진다. 푸르러서 맑은 하늘은 덤이다. 그 하늘 아래 다시 얼굴을 마주보고 웃는 날은 꼭 온다. 지금도 시간은 우리를 부지런히 통과해간다. 기다림의 미학, 우리는 이제 믿기만 하면 된다.

수진 씨는
오늘도
**살아가고 있다**

## 수진 씨는 오늘도 살아가고 있다

**초판 1쇄 인쇄** 2021년 11월 18일
**초판 1쇄 발행** 2021년 11월 30일

**지은이**  김민지, 조이홍, 미오, 최기현, 김희연, 김서연, 김원글, 전명원,
         김신혜, 정희정
**발행인**  김경미
**펴낸곳**  (주)피카소
**편 집**  눈씨
**디자인**  디자인 안녕

**등 록**  2021년 3월 26일 제2021-000072호
**주 소**  (우: 10510) 경기도 고양시 덕양구 지도로45, 3F (주)피카소
**전 화**  070-7809-3690
**팩 스**  0504-329-7460
**이메일**  chk-00@naver.com

- 이 책은 저작권법으로 보호받는 저작물이므로 무단 전재와 복제를 금지하며,
  이 책 내용의 전부 또는 일부를 이용하려면 반드시 저작권자와 ㈜피카소의
  서면 동의를 받아야 합니다.
- 잘못된 책은 구입처에서 교환해드립니다.
- 책값과 ISBN은 뒤표지에 있습니다.